本書係「敦煌文獻系統性保護整理出版工程」項目成果

二〇二一—二〇三五年國家古籍工作規劃重點出版項目

「十四五」國家重點出版物出版規劃項目

國家古籍整理出版專項經費資助項目

中國國家圖書館藏敦煌文獻

中國國家圖書館 編

第七八册

BD01152～BD01167

國家圖書館出版社

DUNHUANG MANUSCRIPTS IN THE NATIONAL LIBRARY OF CHINA

078

BD01152 ~ BD01167

compiled by the

National Library of China

National Library of China Publishing House

凡例

一　本書刊布中國國家圖書館藏敦煌文獻，以館藏編號爲序編排。

二　館藏編號采用「BD+流水號」格式，如 BD00001, BD16579 等。背面在編號後加 v 表示。一個編號包含多件文獻者，編號後分別綴以字母 A, B, C 等。一件文獻含有多個内容者，以數字 -1, -2, -3 等標明順序。

三　圖版有縮印或放大處另加説明，尺寸超出本書幅面的以摺葉形式呈現。

四　卷軸裝、梵夾裝、經摺裝等裝幀形制的敦煌文獻，各附外觀圖像。

五　每件文獻依次呈現外觀、正面、背面等。背面僅刊布有文字、圖像或其他要素的圖版，而略去素紙部分，背面圖版同樣以從右到左順序編排。凡有外題者，遵從以上原則。

六　除個别特殊情況外，爲保證閱讀連貫、流暢，圖版儘量通欄呈現。

七　各葉上方附該件文獻全圖，以高亮形式顯示本葉大圖在全卷中的位置。部分長卷文獻全圖衹能分多段呈現時，在上段末以符標示下段接續。卷尾内容不足一葉時，文獻全圖使用該圖卷尾部分，亦以符標示。背面圖版文字與正面文字方向相反時，文獻全圖按原貌顯示，正文翻轉呈現，以便閱讀研究，用符標示。

八　文獻題名大體沿用中國國家圖書館此前所編多部敦煌文獻目録的考證，部分吸收學界最新研究成果略作調整和完善。文獻題名綜合參考原卷首題、尾題、外題確定，如原卷題名與該文獻正式名稱不同，則采用正式名稱；無題名者，或比定題名，或擬定新名。非漢文文獻在題名前標注語種。有分卷不同等其他情況者，括注於文獻名稱後。

九　本書著録使用通行繁體字，涉及原文中的人名、地名等，必要時保留原字形。

About this publication

1. The documents are presented in shelfmark order.
2. The shelfmarks are in the form BD plus a running number, eg. BD00001, BD16579, &c. If a given shelfmark contains multiple documents, these are distinguished by the letters A, B, C, &c. If a document has multiple contents, they are distinguished by the numbering 1, 2, 3, &c. The verso side of an item is indicated by the letter v.
3. If it has been necessary to reduce or enlarge the size of an illustration, the dimensions are indicated. If the size of an illustration exceeds the size of the book, a folding sheet is used.
4. If the document is a scroll, a folded sutra, or has a stitched binding, a picture of the whole object is provided to show its external appearance.
5. The cover, front, and back of each document are reproduced in sequence. The back of a document is only reproduced if it contains text, illustrations, or other markings, and it is oriented from right to left. If it is blank it is not reproduced.
6. Except in a few special cases, the lines of text are reproduced unbroken to make them coherent and easier to read.
7. An illustration of the complete document is reproduced at the top of each page, and the section where the main illustration appears is highlighted in order to indicate its position. If it has only been possible to reproduce a long scroll in sections, the direction symbol has been used to indicate where one illustration ends and the next one begins. If the end of the scroll occupies less than one page, the direction symbol is used to indicate its position in the illustration of the complete document. If the text on the back of the document has a different orientation from the text on the front, it is reproduced as it is, but is also rotated (indicated with the rotation symbol) so that it can be read easily.
8. The titles of the documents generally conform with those already established by the Library, but in some cases have been amended by drawing on the most recent scholarly research. The titles are derived firstly from the beginning of the text, then from the end of the text, and lastly from the cover. If the title of a document differs from its authoritative form, the authoritative form is used; and if a document has no title, one is either supplied by comparison with similar documents, or a new one is devised. If the document is not in Chinese, its language is indicated before the title. If the number of juan is different from that of the authoritative version, or if there are other irregularities, this is noted.
9. The documents in the book are in traditional Chinese characters. Where the title contains personal or place names, the original characters used for these names are retained.

(Translated by David Helliwell)

第七八册目録

BD01152 佛名經（异卷）卷九

（北魏）菩提流支 譯

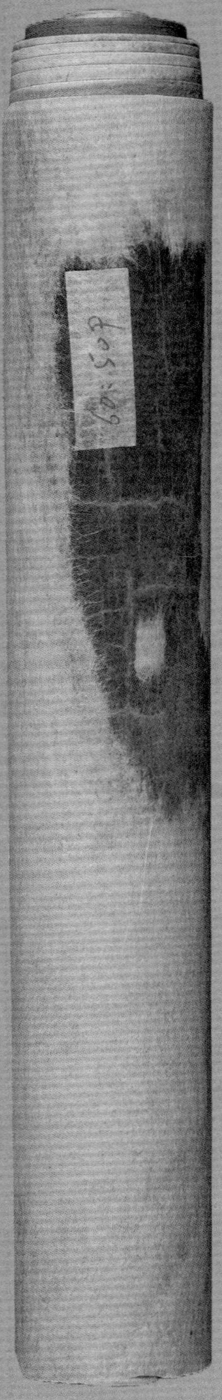

724cm × 25.3cm

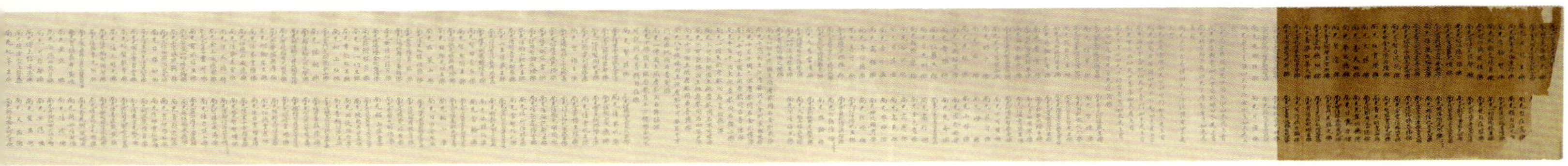

南无法界雷光无障礙……
南无師子光明勝光佛
南无金光明无邊力精進成佛
南无成就王佛
南无歡喜大海速行佛
南无廣稱智佛
南无相顯文殊月佛
南无智功德法住佛
南无過法界勝聲佛
南无无垢功德日眼佛
南无无量勝難見幢佛
南无福德相雲勝威德佛
南无□風大海雲佛

□……
南无自在高佛
南无稱自在光电……
南无智成就海王幢佛
南无一切法海勝王佛
南无梵自在勝佛
南无不可嫌力普照光明幢佛
南无无礙智普照光明佛
南无法界虚空普遍照光明佛
南无照勝頂光明佛 七千四百
南无自在王普光明佛

南无无垢清淨眼普光明佛　南无清淨眼華勝佛
南无善智力成就佛　南无虛空清淨明月佛
南无然金色須弥燈佛　南无智勝寶法光明佛
南无然寶燈佛　南无普光明高山佛
南无大勝佛　南无波頭摩奮迅佛
南无善天照佛　南无无盡功德佛
南无華威德佛　南无甘露力佛
南无聲邊佛　南无妙法勝威德成就佛
南无普光明聲虛空照佛　南无普門見勝光佛
南无无邊功德照佛　南无普光功德然燈鏡像佛
南无喜樂現華大佛　南无寶須弥然燈王佛
南无善化法界金明電聲佛　南无可降伏力願佛
南无虛空城慧吼聲佛　南无十方廣遍稱智然燈佛

南无虛空城慧吼聲佛　南无十方廣遍稱智然燈佛
南无師子光明滿足功德海佛　南无智敷華光明佛
南无普眼滿足法界難勝幢佛　南无勝慧善道師佛
南无光明作佛　南无月幢佛
南无東方善護四天下名金剛良如来為上
首
南无南方難勝四天下因陁羅如来為上首
南无西方親意四天下娑樓那如来為上首
南无北方師子意四天下摩訶牟尼如来為
上首
南无東北方善擇四天下降伏諸魔如来為
上首
南无東南方樂四天下毗沙門如来為上首
南无西南方[illegible]如来為上首

南无西北方[illegible]

南无下方焰四天下善集如来為上首

南无上方妙四天下得智者意如来為上首

歸命如是等无量无邊諸佛

南无盧舍那勝威德王佛　南无普光明勝藏王佛

南无法界佛　南无智燈佛

南无法界虚空智幢照佛　南无阿弥濫波眼佛

南无龍自在王佛　南无法月普智光王佛

南无普照勝弥留王佛　南无无障虚空智雞兜幢王佛

南无普輪到聲佛　南无无量宿自在王佛

南无普香佛　南无弥留然燈王佛

南无阿那羅眼境界佛　南无香毗頭羅佛

南无旃陁雞兜佛　南无一切佛寶勝王佛

南无无邊世間智輪雞兜佛　南无阿僧伽智雞兜佛

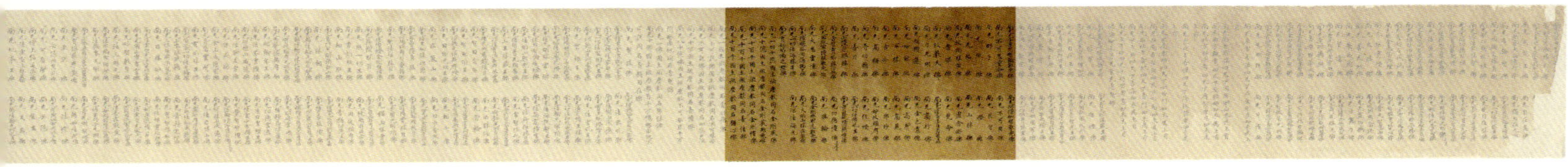

南无无邊世間智輪雞兜佛
南无不可思量命佛
南无師子佛
南无照佛
南无无垢佛
南无放頭勝藏佛
南无普眼佛
南无波藪天佛
南无力光明佛
南无栴檀達佛
南无妙歛佛
南无最勝佛
南无吉沙佛
南无[illegible]海佛

南无阿僧伽智雞兜佛
南无不可用佛
南无月智佛
南无燈佛
南无山勝佛
南无盧舍那佛
南无梵命佛
南无无邊光明善法界莊嚴王佛
南无高行佛
南无金色意佛
南无高聲佛
南无高見佛
南无弗沙佛
南无妙文須彌佛

南无普功德佛　南无[illegible]燈佛

南无善目佛　南无一切法佛吼王佛

南无山幢身眼勝佛　南无寶勝然燈功德幢佛

南无普智寶焰勝功德佛　南无功德幢佛七千五百

南无因陁羅幢勝雞兜佛　南无勝輪佛

南无大悲雲幢佛　南无金剛那羅延雞兜佛

南无薩羅勝安隱滿足佛　南无大焰山勝莊嚴佛

南无一切法海勝王佛　南无深法海光佛

南无寶髻焰滿足燈佛

南无一切十億國土微塵數同名金剛藏佛

南无十億國土微塵數同名金剛藏雞兜佛

南无十百千國土微塵數同名金剛幢佛

南无十百千國土微塵數同名善法佛

南无十百千國土微塵數同名稱心佛

南无千百千國土微塵數同名稱心佛
南无一國土微塵數同名普功德佛
南无不可説佛國土微塵數同名不可勝佛
南无不可説佛國土微塵數同名毗婆尸佛
南无十佛國土微塵數同名普幢佛
南无八十億佛國土微塵數不可數百千万
億那由他同名普賢佛
南无一佛國土微塵數同名佛勝佛
南无十佛國土微塵數百千万億那由他不
可説同名普稱自在佛
南无賢勝佛　南无功德海光明勝照藏佛
南无法界盡空滿足不退佛　南无法界吼佛
南无不退轉法界聲佛　南无法樹山威德佛
南无一切[illegible]國光王佛　南无寶光[illegible]燈幢王佛

南无以德山光明威德王佛
南无智炬王佛
南无法燈智師力山威德王佛
南无无垢法山威德燈佛
南无法光明勝雲佛
南无法日智輪然燈佛
南无法焰山雞兜王佛
南无法智普光明藏佛
南无山王勝藏王佛
南无一切法寶俱蘇摩勝雲王佛
南无法光明慈鏡像月佛
南无智日普照佛
南无智照須王佛
南无功德光俱蘇摩燈佛

南无法電幢王勝佛
南无一切法印吼威德王佛
南无法輪光明須佛
南无法海說聲王佛
南无法華高幢雲佛
南无法行深勝月佛
南无常智作化佛
南无普門智称留法界精進幢佛
南无寂靜光明身髻佛
南无焰勝海佛
南无普輪佛
南无智山法果十方光明威德王佛
南无智炬高雞兜幢王佛

南无功德光俱蘇摩燈佛　南无智炬高雞兜幢王佛
南无日照光明王佛　南无相山佛
南无莊嚴山佛　南无日步普照佛
南无法王網勝功德佛　南无四无畏金剛那羅延師子佛
南无普智幢勇猛佛　南无法波頭摩敷身佛
南无功德俱摩身重擔佛　南无道場覺勝月佛
南无然法炬勝月佛　南无普賢光明頂佛
南无法幢燈金剛堅幢佛　南无稱山勝雲佛
南无栴檀勝月佛　南无普勝俱蘇摩威德普稱佛
南无照一切王佛　南无波頭摩勝藏佛
南无香焰照王佛　南无因波頭摩佛
南无相山照佛　南无普稱功德王佛
南无普門光明須彌山佛　南无法城光明勝功德山威德王佛
□一勝日佛　□法勇猛幢佛

南无轉法輪月勝放頭摩照佛　南无佛幢自在功德不可勝幢佛
南无寶放頭摩光明藏佛　南无光明峰雲燈佛
南无普覺俱蘇摩佛　南无種種光明勝山藏佛
南无明輪峯王佛　南无功德雲盡佛
南无法峯雲幢佛　南无法日雲燈王佛
南无功德山威德佛　南无法雲十方稱王佛
南无法輪蓋雲佛　南无覺智智幢佛
南无智威德佛　南无法輪清淨勝月佛七千六百
南无金山威德賢佛　南无賢勝山威德佛
南无普慧雲聲佛　南无法力勝山佛
南无香焰勝王佛　南无伽那迦摩尼山威德佛
南无須藏一切法光輪佛　南无然法輪威德佛
南无山峯勝威德佛　南无普精進炬佛

南无山峯勝威德佛　南无普精進炬佛
南无三昧海廣頂冠光佛　南无寶妙勝妙佛
南无日勝妙佛　南无法炬寶帳聲佛
南无法虛空无邊光師子佛　南无相莊嚴幢月佛
南无光明山雷電雲佛　南无法虛空无礙光佛
南无妙智敷身佛　南无世間因陁羅妙光明佛
南无法三昧光佛　南无法善莊嚴藏佛
南无法然焰堅固聲佛　南无三世相鏡像威德佛
南无法輪峯光明佛　南无法界師子光明佛
南无盧舍那勝須彌山三昧堅固師子佛　南无普光明城燈佛
南无寶俱蘇摩藏佛　南无轉妙法聲佛
南无虛空佛　南无法幢佛
南无安隱世間月佛　南无摩訶伽羅那師子佛
南[illegible]佛　[illegible]佛

南无法虛空上勝王佛
南无天藏佛
南无地峯王佛
南无轉法輪光明吼王佛
南无智虛空樂王佛
南无一切吼王佛
南无不可降伏佛
南无力難勝佛
南无轉法輪化普光明聲佛
南无相勝山佛
南无具足堅聚佛
南无无垢婆蹉佛
南无住持疾行佛
南无遍相佛
南无无垢婆侯佛
南无師子步脩佛
南无天自在頂佛
南无法起稱佛
南无大无憂荼佛
南无虛空燈佛
南无无垢幢佛
南无恒河沙同名賢行佛
南无恒河沙同名无邊命佛
南无恒河沙同名不動佛
南无恒河沙同名月智佛
南无恒河沙同名金剛幢佛

南无恒河沙同名月智佛　南无恒河沙同名金剛幢佛
南无恒河沙同名日藏佛　南无恒河沙同名善光佛
南无恒河沙同名金剛佛　南无五百同名大慈悲佛
南无普智焰功德幢王佛　南无善逝法幢勝佛
南无須弥佛　南无功德顛佛
南无自在佛　南无齊王佛
南无量愛佛　南无本稱功德佛
南无須弥山佛　南无日月面佛
南无如是菩无量佛　南无虛空行佛
南无普照佛　南无方城住佛
南无勝光佛　南无雲勝佛
南无法焰山佛　南无波頭摩生佛
南无法界華佛　南无海燈佛

南无思議佛
南无天智佛
南无智勝佛
南无勝奮迅威德去佛
南无行廣見佛
南无寶焰山佛
南无寶功德佛
南无法光明佛
南无藏勝佛
南无如是等无量无邊佛
南无須弥勝佛
南无深勝佛
南无藏王佛

南无因陁羅勝佛
南无雲王畏佛
南无光明王雞兜佛
南无法界波頭摩佛 七千七百
南无如是等无量无邊佛
南无勝光佛
南无海勝佛
南无波頭摩佛
南无世間眼佛
南无香光佛
南无嶽王佛
南无勝摩尼佛
南无勝威德畏佛

南无藏王佛
南无勝威德畏佛
南无彌色去佛
南无如是等无量无邊佛
南无廣智佛
南无寶光明佛
南无虛空雲勝佛
南无妙相佛
南无勝相佛
南无莊嚴佛
南无行輪佛
南无光勝佛
南无光明勝佛
南无如是等无量无邊佛
南无那羅延行佛
南无須弥勝佛
南无功德輪佛
南无勝王佛
南无不可降伏佛
南无山王樹佛
南无如是等无量无邊佛
南无娑羅自在王佛
南无勝藏佛
南无世間自在身佛
南无鏡像光明佛
南无地出佛

南无深法光明身佛　南无法海吼聲佛
南无弥留幢勝光明意佛　南无寶光明勝佛
南无梵光佛　南无虚空聲佛
南无法界鏡像勝佛　南无輪光明佛
南无智光高雞兜意佛　南无伽伽那燈佛
南无樂勝照佛　南无功德光明勝佛
南无齊勝佛　南无大悲速疾佛
南无地力光明意佛　南无一切備面色佛
南无勝身光明佛　南无法勝宿佛
南无阿尼羅速行佛　南无清淨幢蓋勝佛
南无三世鏡像佛　南无顛海樂說勝佛
南无慙愧須弥山勝佛　南无念雞兜王勝佛
南无法意佛　南无慧燈佛

BD01152　佛名經（异卷）卷九

南无法意佛
南无光雞兜勝佛
南无法界行智意佛
南无法寶勝佛
南无勝雲佛
南无勝威德意佛
南无齋幢佛
南无大顏勝佛
南无智焰勝功德佛
南无无礙意佛
南无一切聲分吼精進自在佛
南无諸方天佛
南无知衆生心平等身佛
[illegible]行[illegible]行佛

南无慧燈佛
南无廣智佛
南无法海意智勝佛
南无功德輪佛
南无忍辱燈佛
南无速光明勝摩他聲佛
南无闇燈佛
南无不可降伏幢佛
南无法自在佛
南无世間言語堅固吼光佛
南无具足意佛
南无現面闇佛
南无最勝佛
南无清淨[illegible]佛

首不可說不可說无量无
所說妙佛　南无彼佛妙法身佛
彼佛三十二相八十種好无量无邊功
德
南无彼佛種種道場菩提樹種種形像種種
妙塔去來坐卧妙處歸命彼諸佛不退法輪
菩薩大僧不退聲聞僧比丘比丘尼優婆塞
優婆夷天龍夜叉乾闥婆阿脩羅迦樓羅緊
那羅摩睺羅伽種種狀貌信如來法輪轉如
來法輪不可思議菩薩摩訶薩悉皆歸命歸
命如來法身十力四无畏戒定慧解脫解脫
知見如是等无量无邊功德如是功德迴施

[illegible]
知見如是等无量无邊功德如是功德迴施
一切衆生願得阿耨多羅三藐三菩提
舍利弗有善眼劫中有七十那由他佛出
舍利弗善見劫中有七十二億佛出
舍利弗梵讚歎劫中有一万八千佛出
舍利弗名過去劫中有三十二千佛出
舍利弗莊嚴劫中有八万四千佛出
舍利弗應當歸命如是等无量无邊佛
舍利弗善男子善女人欲滅一切罪應當淨
洗浴著新淨衣稱如是等佛名礼拜應作是
言我无始世界来身口意業作不善行乃至
謗方等經五逆罪等願皆消滅
舍利弗善男子善女人欲滿足波羅蜜行欲
[illegible]

所作是言我此過去未來現在善[illegible]菩薩
脩行大捨破肉出心施於衆生如智勝菩薩
及迦尸王等捨妻子等布施貧乏如不退菩
薩及阿翅羅那王須達拏及莊嚴王等入於地
獄救苦衆生如大悲菩薩及善眼天子等救
惡行衆生如善行菩薩及勝行王等捨頂上
寶天冠并剝頭皮而與如勝上身菩薩及寶
髻天子等捨眼如愛作菩薩及月光王等捨
耳鼻如无怨菩薩及勝去天子等捨齒如華
齒菩薩及六牙象王等捨舌如不退菩薩及
善面王等捨手如掌精進菩薩及堅意王等
捨血如法作菩薩及月思天子等捨肉髓如
安隱菩薩及一切施王等捨大腸小腸肝肺
脾腎如善德菩薩及自遠離諸惡王等捨身

髀臂如善德菩薩及自遠離諸惡王等捨身
一切大小支節如法自在菩薩及光勝天子
等捨皮如清淨藏菩薩及金色天子金色鹿
王等捨手足指如堅精進菩薩及金色王等捨
肉指甲如不可盡菩薩及求善法天子等
爲求法故入大火坑如精進菩薩及求妙法
王精進等受一切苦惱如求妙法菩薩及速
行大王等捨四天下大地及一切莊嚴如得
大勢至菩薩及勝功德天子等捨身如摩訶
薩埵菩薩及摩訶婆羅王等自身與一切貧
窮苦惱衆生作給使侍者如尸毗王等舉要
言之過去未來現在諸菩薩一切波羅蜜行願
我亦如是成就十方世界諸妙香華鬘諸妙

此福德滿足八万四千諸波羅蜜行速得授
阿耨多羅三藐三菩提記速得不退轉大地
速成无上菩提
舍利弗應敬礼十方諸佛
南无不動佛　南无盡聖佛
南无日光佛　南无龍奮迅佛
南无自在光明稱佛　南无十光佛
南无普寶佛　南无稱自在佛
南无勝藏稱佛　南无焰意佛
南无寶幢佛　南无智山佛
南无因光佛　南无生勝佛
南无弥留藏佛　南无智海佛
南无大精進佛　南无弥留功德佛

南无大精進佛　南无彌留功德佛
南无勝藏佛　南无智德佛
南无能與无畏佛　南无精進進趣王佛
南无智成就佛　南无无滯佛
南无地力住持精進佛　南无力命佛
南无善眼佛　南无不害法王佛
南无藏摩佛　南无不可思議精進佛
南无觀功德佛　南无智頻婆佛
南无阿僧伽力精進佛　南无心自在佛
南无泉荷難陁佛　南无威光佛
南无賢上王佛　南无无邊光王佛
南无无盡智藏佛　南无寶雨頭佛
南无智波婆羅佛　南无毗尼稱佛

南无炎光佛　南无妙山王佛
南无轉法輪勝王佛　南无无垢日佛
南无住持大般若佛　南无不住力精進王佛
南无自在識佛　南无現念佛
南无福德力精進佛　南无智袈裟王佛
南无智自在佛　南无安隱衆生无障佛
南无智集佛　南无摩訶弥留力藏佛
南无阿伽樓功德精進佛　南无虛空光明佛
南无離癡功德聲王佛　南无法施莊嚴佛
南无聲自在王佛　南无護門佛
南无自在力精進王佛　南无寶光明勝王佛
南无一切須弥勝山王佛　南无羅多那弥留佛
南无不可得動法佛　南无陁羅尼自在王佛
南无普功德王佛　南无法莎羅王弥留佛

南无普功德王佛　南无法娑羅王弥留佛
南无智集功德衆佛　南无智焰華樹王佛
南无一切世間自在佛　南无善華王佛
南无金千遮那王佛　南无法幢奮迅王佛
南无梅檀波羅圍繞佛　南无住法分稱佛
南无堅心意精進佛　南无照一切世門燈佛
南无隨衆生心奮迅佛　南无无邊稱娑羅幢佛
南无過去稱法雨佛　南无功德焰華佛
南无智行佛　南无樂威德燈佛
南无離諸障无畏佛　南无智照聲佛
南无二成就佛　南无集妙行佛
南无樂莊嚴王佛　南无阿僧祇莊嚴王佛
南无師子坐善住佛　南无放梅檀華王佛　七千九百

舍利佛[illegible]

佛多百千億佛多百千万億那由他佛无量
阿僧祇佛不可思議佛不可量佛種種名種
種姓種種世界種種佛國土種種比丘比丘尼
優婆塞優婆夷圍繞種種天龍夜叉乾闥
婆阿脩羅迦樓羅緊那羅摩睺羅伽人非人
等圍繞供養我悉現見如觀掌中菴摩勒果
舍利弗若有善男子善女人比丘比丘尼優
婆塞優婆夷信我語受持讀誦是諸佛名當
洗浴著新淨衣於晝日初分時中分時後分
時夜前分時中分時後分時從坐起偏袒右
肩右膝著地一心稱是佛名供養礼拜作如
是言如来所知十方諸佛我今敬礼舍利弗
是善男子善女人比丘比丘尼優婆塞優婆

[illegible]
是善男子善女人比丘比丘尼優婆塞優婆
夷如是供養礼拜得无量福德舍利弗若欲
得聲聞地欲得辟支佛地欲得阿耨多羅三
藐三菩提者當礼十方諸佛一切皆得復作
是言是諸福德聚諸佛如来所知我悉迴向
阿耨多羅三藐三菩提
舍利弗應當歸命東方一切諸佛
南无法自在奮迅佛　南无脩行堅固自在佛
南无師子奮迅王佛　南无力士自在王佛
南无法山勝佛　南无寶山佛
南无无量宿稱佛　南无功德力堅固王佛
南无人聲自在增長佛　南无勝一切世間佛
南无三世法界佛　南无妙聲吼佛
[illegible]

南无[illegible]佛　南[illegible]

南无寶連佛　南无功德華佛

南无多供養佛　南无无邊功德王佛

南无增長喜佛　南无師子龍奮迅佛

南无波羅藏師子步行佛　南无觀諸法佛

南无法華智佛　南无時法清淨佛

南无堅固精進言語佛　南无聲精進佛

南无焰摩尼佛　南无山光明佛

南无清淨无垢藏佛　南无无垢月佛

南无清淨根佛　南无多智佛

南无能作智佛　南无廣智佛

南无力意佛　南无勝意佛

南无法堅固歡喜佛　南无堅固行自在佛

南无等須弥面佛　南无觀戒畝佛

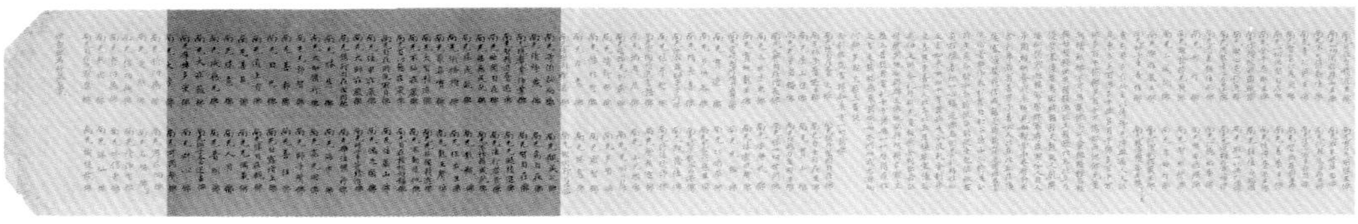

[illegible]

南无等須弥面佛
南无觀成就佛

南无清淨藏佛
南无爲自在佛

南无現魔業淨業佛
南无智自在佛

南无智精進奮迅佛
南无无礙精進佛

南无世間自在佛
南无法行廣意佛

南无福德成就佛
南无不怯弱成就佛

南无勝成就佛
南无龍觀佛

南无須栴檀佛
南无作戒王佛

南无聚集寶佛
南无龍王聲佛

南无大智精進佛
南无无孤獨精進佛

南无不滅莊嚴佛
南无不動尼他佛

南无百功德莊嚴佛
南无自在諸相好稱佛

南无自在因陁羅月佛
南无法華山佛

[illegible]

南无脩行自在堅固佛　南无樂法脩行佛
南无勝慧佛　南无海步佛
南无大如脩行佛　南无高光明佛
南无无諍智佛　南无師子聲佛
南无善報佛　南无善住佛
南无日光佛　南无甘露增上佛
南无道上首佛　南无勝自在親佛
南无善見佛　南无无濁義佛
南无勝意佛　南无人月佛
南无威德光佛　南无普明佛
南无大莊嚴佛　南无師子奮迅去佛
南无摩樓多愛佛　南无齊心佛
南无大步佛　南无可聞聲佛

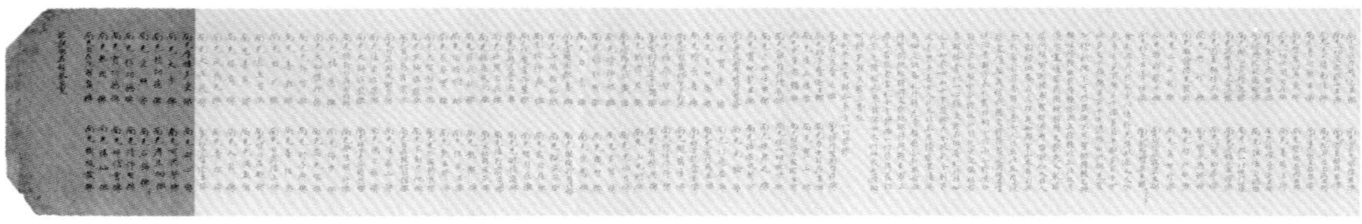

南无摩樓多愛佛　南无齊心佛
南无大步佛　南无可聞聲佛
南无積功德佛　南无摩尼向佛
南无愛照佛　南无名稱佛
南无信功德佛　南无清淨智佛
南无寶功德佛　南无妙信香佛
南无熱國佛　南无勝仙佛
南无自在陁羅集佛　南无樹提藏佛

佛說佛名經卷第九

BD01153 無量壽宗要經（甲本）

378cm × 26.5cm

稱[illegible]
聽南閻浮提人皆短壽大限
者衆多殊如是无量壽如
有衆生得聞名号若自書若
持讀誦若於舍宅所住之處以
塗香末香而爲供養如其命
百歲如多是殊若有衆生
决定王如来一百八名号者為
大命將盡憶念是如来名
殊若有善男子善女人欲
如来一百八名号有得聞者
是等果報福德具足陁羅
南謨薄伽勃底一 阿波唎蜜多二 阿唷多砥娜 須毗
你悉指陁四 囉佐耶五 怛他羯他耶六 怛姪他唵 薩婆

你悉指陁四囉佐耶五怛他羯他耶六怛姪他唵薩婆
桒悉指迦囉七鉢唎輸底八達磨底九伽迦娜十莎訶
其持迦底十一莎婆婆毗輸底十二摩訶娜耶十三波唎婆唎
莎訶十四波唎婆莎訶十五
世尊復告曼殊室利如是如来一百八名号若有自
書或使人書為经卷受持讀誦如壽命盡復
滿百年壽終此身後得往生无量福智世界無
量壽淨土陁羅尼曰　南謨薄伽勃底一阿波
唎蜜哆二阿喻紇硯娜三須毗你斯指陁四囉佐耶五
怛他羯他耶六怛姪他唵七薩婆桒悉迦囉八鉢唎輸
底九達磨底十伽迦娜十一莎訶其持迦底十二莎
婆婆毗輸底十三摩訶娜耶十四波唎婆囉莎訶十五
尒時有九十九俱胝佛一時同聲説是无量壽宗要

尒時有九十姟佛等一時同聲説是无量壽宗要
經陁羅尼曰　南謨薄伽勃底一阿波唎蜜哆二
須毗你悉指陁四囉佐耶五怛他羯他耶六怛姪他唵
七薩婆桒悉迦囉八鉢唎輸底九達磨底十伽迦
娜十一莎訶某特迦底十二莎婆婆毗輸底十三摩訶
娜耶十四波唎波唎莎訶十五
尒時復有一百四姟佛一時同聲説是无量壽宗
要經陁羅尼曰　南謨薄伽勃底一阿波唎蜜
哆二阿喻紇硯娜三須毗你悉指陁四囉佐耶五怛他羯
他耶六怛姪他唵七薩婆桒悉迦囉八波唎輸底九
達磨底十伽迦娜十一莎訶某特迦底十二薩婆婆毗
輸底十三摩訶娜十四波唎婆灑莎訶十五
尒時復有七姟佛一時同聲説是无量壽宗要
經陁羅尼曰　南謨薄伽勃底一阿波唎蜜多三

經陁羅尼曰 南謨薄伽勃底一 阿波利蜜哆二
阿喻紇硯娜三 須毗你悉指陁四 羅佐耶五 怛他羯他耶六
怛姪他唵七 薩婆桒悉迦囉八 波唎輸底九 達磨底十
伽迦娜十一 莎訶其特迦底十二 薩婆婆毗輸底十三 摩訶娜耶十四
波唎婆唎莎訶十五
尒時復有六十五姟佛一時同聲說是无量壽宗要經
陁尼曰如上 尒時復有五十五姟佛一時同聲說是无量
壽宗要經陁羅尼如上
尒時復有四十五姟佛一時同聲說是无量壽宗要經陁
羅尼曰同上 南謨薄伽勃底一 阿波唎蜜哆二 阿喻
紇硯娜三 須毗你悉指陁四 囉佐耶五 怛他羯他耶六 怛
姪他唵七 薩婆桒悉指迦囉八 鉢唎輸底九 達磨底十
伽迦娜十一 莎訶其特底十二 莎婆婆毗輸底十三 摩訶
[illegible]十四 [illegible]訶十五

伽迦娜十一莎訶其特底十二莎婆婆毗輸底十三摩訶
娜耶十四婆唎婆唎莎訶十五
尒時復有三十六姟佛一時同聲說是无量壽宗
要經陁羅尼曰　南謨薄伽勃底一阿婆唎蜜哆二
阿喻紇硯娜三　須毗你悉指陁四囉佐耶五怛他羯他耶七
六怛姪他唵八薩婆桒悉指迦囉九鉢唎輸底十伽迦娜
十一莎訶其特迦底十二莎婆毗婆輸底十三摩訶娜耶
十四婆唎婆唎莎訶十五
尒時復有二十五姟佛一時同聲說是无量壽宗
要經陁羅尼曰同上　南謨薄伽勃底一阿波唎蜜
哆二阿喻紇硯娜三須毗你指陁四囉佐耶五怛他羯他
耶六怛姪他唵七薩婆桒指迦囉八鉢唎輸底九達
磨底十伽迦娜十一莎訶其特迦底十二莎婆婆毗輸

麼底九 伽迦娜十一 莎訶某持迦底十二 莎婆婆毗輸
底十三 摩訶娜耶十四 婆唎婆唎莎訶
尒時復有恒河沙殑佛一時同聲說是无量壽宗
要經陁羅尼曰 南謨薄伽勃底一 阿波唎蜜哆
二 阿喻紇硯娜三 須毗你悉指陁四 囉佐耶五 怛他羯他
耶六 怛姪他唵七 薩婆桒悉指迦囉八 鉢唎輸底九 達
磨底十 伽迦娜十一 莎訶某持迦底十二 莎婆婆毗輸底
十三 摩訶娜耶十四 婆唎婆唎莎訶十五
善男子若有自書寫教人書寫是无量壽宗要
經如其命盡復得長壽而滿百年陁羅尼曰
南謨薄伽勃底一 阿波唎蜜哆二 阿
喻紇硯娜三 須毗你悉指陁四 囉佐耶五 怛他羯他耶六
怛姪他唵七 薩婆桒悉指迦囉八 鉢唎輸底九 達磨底
十 伽迦娜十一 莎訶某持迦底十二 莎婆婆毗輸底十三

十伽迦娜十一　莎訶某特迦底十二　莎婆娑毗輸底　十三
摩訶娜耶十四　娑唎娑唎莎訶　十五
若有自書寫教人書寫是无量壽宗要經讀誦
受持畢竟不墮地獄在在所生得宿命智陁羅
尼曰　南謨薄伽勃底一　阿波唎蜜哆二　阿喻紇硯娜
三　須毗你悉指陁四　囉佐耶五　怛他羯他耶六　怛姪他唵七
薩婆桒指迦囉八　鉢唎輸底九　達磨底十　伽迦底十一
莎訶某特迦底十二　莎婆娑毗輸底十三　摩訶娜耶十四
娑唎娑唎莎訶十五
若有自書寫教人書寫是无量壽宗要經受持讀
誦如同書寫八万四千一切經典陁羅尼曰
南謨薄伽勃底一　阿波唎蜜哆二　阿喻紇硯娜三　須毗你
悉指陁四　囉佐耶五　怛他羯他耶六　怛姪他唵七　薩婆桒

悉指陁八囉佉耶五怛他羯他耶六怛姪他唵七薩婆桒
悉指迦囉八鉢唎輸底九達磨底十伽迦娜十一莎訶其持
迦底十二莎婆婆毗輸底十三摩訶娜耶十四婆唎婆唎莎訶十五
若有自書寫教人書寫是量壽宗要經是書
寫八万四千部經建立塔廟陁羅尼曰
南謨薄伽勃底一阿波唎蜜哆二阿喻紇硯娜三須
毗你悉指陁四囉佉耶五怛他羯他耶六怛姪他唵七
薩婆桒悉指迦囉八鉢唎輸底九達磨底十伽迦娜十一
莎訶其持迦底十二莎婆婆毗輸底十三摩訶娜耶
十四婆唎婆唎莎訶十五
若有自書寫教人書是无量壽宗要經能消
五无間等一切重罪陁羅尼曰
南謨薄伽勃底一阿波唎蜜哆二阿喻紇硯娜三
須毗你悉指陁四囉佉耶五怛他羯他耶六怛姪他唵七

須毗你悉指隨四囉佐耶五怛他羯他耶六怛姪他唵七
薩婆桑悉指迦囉八鉢唎輸底九達磨底十
伽迦娜十一莎訶某特迦底十二莎婆婆毗輸底十三
摩訶娜耶十四婆唎婆唎莎訶十五
若有自書寫教人書寫是无量壽宗要經
受持讀誦設有重罪猶如須弥盡能除滅陁羅尼
曰　南謨薄伽勃底一阿波唎蜜哆二阿喻紇硯娜三
須毗你悉指隨四囉佐耶五怛他羯他耶六怛姪他唵七
薩婆桑悉指迦羅八鉢唎輸底九達磨底十伽迦
娜十一莎訶某特迦底十二莎婆婆毗輸底十三摩訶
娜耶十四婆唎婆唎莎訶十五
若有自書寫教人書寫是无量壽宗要經受持
讀誦若魔之眷屬夜叉羅刹不得其便終无枉

讀誦若魔之眷屬夜叉羅剎不得其便終无枉
死陁羅尼曰　南謨薄伽勃底一阿波唎蜜哆二
阿喻紇硯娜三須毗你悉陁四囉佐耶五怛他羯他耶六
怛姪他唵七薩婆桒悉指迦囉八鉢唎輸底九達磨
底十伽迦娜十一莎訶某特迦底十二摩訶娜耶十四婆
唎婆唎莎訶十五
若有自書教人書寫是无量壽宗要經受持讀
誦當命終時有九十億佛現其人前家千佛授
手能遊一切佛剎莫於此經生於疑惑陁羅尼曰
南謨薄伽勃底一阿波唎蜜哆二阿喻紇硯娜三
須毗你悉指陁四囉佐耶五怛他羯他耶六怛姪他唵七
薩婆桒悉指迦囉八鉢唎輸底九達磨底十
莎訶某特迦底十二莎婆婆毗輸底十三摩訶娜耶
十四婆唎婆唎莎訶十五

十四 娑唎娑唎莎訶十五
若有自書寫教人書寫是无量壽宗要經受
持讀誦常得四天大王隨其衛護陁羅尼曰
南謨薄伽勃底一 阿波唎蜜哆二 阿喻紇硯娜三
須毗你悉指陁四 囉佐耶五 怛他羯他耶六 怛姪他唵七
薩婆桒悉指迦羅八 鉢唎輸底九 達磨底十 伽迦娜十一
莎訶其特迦底十二 莎婆婆毗輸底十三 摩訶娜耶十四
婆唎婆唎莎訶十五
若有自書寫教人書寫是无量壽宗要經受
持讀誦當得往生西方極樂世界阿弥陁淨
土陁羅尼曰 南謨薄伽勃底一 阿波唎蜜哆二
阿喻紇硯娜三 須毗你悉指陁四 囉佐耶五 怛他羯
他耶六 怛姪他唵七 薩婆桒指迦囉八 鉢唎輸底九

他耶六 怛姪他唵七 薩婆桑指迦嚕八 鉢唎輸底九
達磨底十 伽迦娜十一 莎訶某特迦底十二 莎婆婆毗
輸底十三 摩訶娜耶十四 娑唎婆莎訶十五
若有方所自書寫使人書寫是无量壽經典之
處則為是塔皆應恭敬作礼若是畜生或為鳥獸
得聞是經如是等類皆當不久得成一切種智陁羅
尼曰 南謨薄伽勃底一 阿波唎蜜哆二 阿喻紇硯娜三
須毗你悉指陁四 囉佐耶五 怛他羯他耶六 怛姪他唵七 薩
婆桑悉指迦囉八 鉢唎輸底九 達磨底十 伽迦娜十一
莎訶某特迦底十二 莎婆婆毗輸底十三 摩訶娜耶十四
娑唎婆莎訶十五
若有能於是无量壽經自書寫若使人書畢竟
不受女人之身陁羅尼曰 南謨薄伽勃底一
阿波唎蜜哆二 阿喻紇硯娜三 須毗你悉指阿四 囉佐耶五

阿波唎審哆二阿喻紇硯娜三須毗你悉指阿四囉佐耶五
怛他羯他耶六怛姪他唵七薩婆桑悉指迦囉八鉢唎輸
底九達磨底十伽迦娜十一莎訶某特迦底十二莎婆
婆毗輸底十三摩訶娜耶十四婆唎婆唎莎訶十五
若有能於是經少分能惠施者等於三千大千
世界滿中七寶布施陁羅尼曰
南謨薄伽勃底一阿波唎審哆二阿喻紇硯娜三
須毗你悉指陁四囉佐耶五怛他羯他耶六怛姪他唵
七薩婆桑悉指迦囉八鉢唎輸底九達磨底十
伽迦娜十一莎訶某特迦底十二莎婆婆毗輸底十三
磨訶娜耶十四婆唎婆唎莎訶十五
若有能供養是經者則是供養一切諸經
等无有異陁羅尼曰

等无有異陁羅尼曰

南謨薄伽勃底一阿唎波蜜哆二阿喻紇硯娜三須毗你悉指陁四囉佐耶五怛他羯他耶六怛姪他唵七薩婆桑悉指迦囉八鉢唎輸底九達磨底十伽迦娜十一莎訶其特迦底十二莎婆婆毗輸底十三摩訶娜耶十四婆唎婆唎莎訶十五

若有人以七寶供養如是七佛其福有限書寫受持是无量壽經典所有功德不可限量陁羅尼曰　南謨薄伽勃底一阿波唎蜜哆二阿喻紇硯娜三須毗你悉指陁四囉佐耶五怛他羯他耶六怛姪他唵七　薩婆桑悉指迦囉八鉢唎輸底九達磨底十伽迦娜十一莎訶其特迦底十二莎婆婆毗輸底十三摩訶娜耶十四婆唎婆唎莎訶十五

摩訶娜耶十四婆唎婆唎莎訶十五
若有七寶等於須弥以用布施其福上能知其限
量是无量壽經典其福不可知數陁羅尼曰
南謨薄伽勃底一阿波唎蜜哆二阿喻紇硯娜三須
毗你悉指陁四囉佐耶五怛他羯他耶六怛姪他唵七薩
婆桒悉指迦羅八鉢唎輸九達磨底十伽迦娜十一
莎訶其持迦底十二莎婆婆毗輸底十三摩訶娜耶十四
婆唎婆唎莎訶十五
如是四大海水可知渧數是无量壽經典所生果
報不可數量陁羅尼曰
南謨薄伽勃底一阿波唎蜜哆二阿喻紇硯娜三
須毗你悉指陁四囉佐耶五怛他羯他耶六怛姪他唵七
薩婆桒悉指迦羅八鉢唎輸底九達磨底十伽迦娜十一
莎訶其持迦底十二莎婆婆毗輸底十三摩訶娜耶

莎訶其持迦底十二 莎婆婆毗輪底十三 摩訶娜
耶十四 婆唎婆唎莎訶十五
若有自書使人書寫是无量壽經典又能護持供養
即如恭敬供養一切十方佛土如來无有別異陁羅尼曰
南謨薄伽勃底一 阿波唎蜜哆二 阿喻紇硯娜三
須毗你悲指陁四 囉佐耶五 怛他羯他耶六 怛姪他唵七
薩婆桑悲指迦囉八 鉢唎輪底九 達磨底十 伽迦
娜十一 莎訶其持迦底十二 莎婆婆毗輪底十三 摩訶
娜耶十四 婆唎婆唎莎訶十五
布施力能成正覺 悟布施力人師子
布施力能聲普聞 慈悲階漸㝡能入
持戒力能成正覺 悟持戒力人師子
持戒力能聲普聞 慈悲階漸㝡能入

持戒力能聲普聞　慈悲階漸最能入
忍辱力能成正覺　悟忍辱力人師子
忍辱力能聲普聞　慈悲階漸最能入
精進力能成正覺　悟精進力人師子
精進力能聲普聞　慈悲階漸最能入
禪定力能成正覺　悟禪定力人師子
禪定力能聲普聞　慈悲階漸最能入
智慧力能成正覺　悟智慧力人師子
智慧力能聲普聞　慈悲階漸力能入
尒時如來說是經已一切世間天人阿脩羅揵
闥婆等聞佛所說皆大歡喜信受奉行

佛說无量壽宗要經

佛說无量壽宗要經

BD01154 金光明最勝王經卷四

（唐）義净 譯

593.4cm × 25cm

[illegible]方菩[illegible]
来非現在心亦如〻
不可得何以故以一切法皆无生
得菩提名亦不可得衆生衆生
聞聲聞名不可得獨覺獨覺
薩菩薩名不可得佛佛名不
行不可得行非行名不可得
一切寂靜法中而得安住此依
根而得生起
善男子譬如寶須弥山王饒
心利衆生故是名第一而施波
子譬如大地持衆物故是名第
察曰譬如師子有大威力獨步无
[illegible]

羅蜜因譬如七寶樓觀有四階道清涼之風
來吹四門受安隱樂靜慮法藏求滿足故是
名第五靜慮波羅蜜因譬如日輪光耀熾盛
此心速能破滅生死无明闇故是名第六智慧
波羅蜜因譬如商主能令一切心願滿足此
心能度生死險道獲功德寶故是名第七
方便勝智波羅蜜因譬如淨月圓滿无翳
此心能於一切境界清淨具足故是名第八願
波羅蜜因譬如轉輪聖王主兵寶臣隨意自
在此心善能莊嚴淨佛國土无量功德廣利
羣生故是名第九力波羅蜜因譬如虛空及
轉輪聖王此心能於一切境界无有障礙於
一切處皆得自在至灌頂位故是名第十智
波羅蜜因善男子是名菩薩摩訶薩十種菩

BD01154　金光明最勝王經卷四

波羅蜜因善男子是名菩薩摩訶薩十種菩
提心因如是十因汝當脩學
善男子依五種法菩薩摩訶薩成就布施
波羅蜜云何為五一者信根二者慈悲三者无
求欲心四者攝受一切衆生五者願求一切智
智善男子是名菩薩摩訶薩成就布施波
羅蜜善男子復依五法菩薩摩訶薩成就
持戒波羅蜜云何為五一者三業清淨二者
不為一切衆生作煩惱因緣三者閉諸惡道開
善趣門四者過於聲聞獨覺之地五者一切
功德皆悉滿足善男子是名菩薩摩訶薩
成就持戒波羅蜜善男子復依五法菩薩摩
訶薩成就忍辱波羅蜜云何為五一者能伏
貪瞋煩惱二者不惜身命不求安樂止息之
[illegible]

忍善男子是名菩薩摩訶薩成就忍辱波
羅蜜善男子復依五法菩薩摩訶薩成就勤
策波羅蜜云何為五一者與諸煩惱不樂共
住二者福德未具不受安樂三者於諸難行
苦行之事不生厭心四者以大慈悲攝受利益
方便成熟一切衆生五者願求不退轉地善
男子是名菩薩摩訶薩成就勤策波羅蜜善
男子復依五法菩薩摩訶薩成就靜慮波羅
蜜云何為五一者於諸善法攝令不散故二者
常願解脫不著二邊故三者願得神通成就
衆生諸善根故四者為淨法界蠲除心垢故
五者為斷衆生煩惱根本故善男子是名菩
薩摩訶薩成就靜慮波羅蜜善男子復依
五法菩薩摩訶薩成就智慧波羅蜜云何

五法菩薩摩訶薩成就智慧波羅蜜云何
為五一者常於一切諸佛菩薩及明智者供養
親近不生厭背二者諸佛如來說甚深法心
常樂聞无有厭足三者真俗勝智樂善分
别四者見脩煩惱咸速斷除五者世間伎術五
明之法皆悉通達善男子是名菩薩摩訶薩
成就智慧波羅蜜善男子復依五法菩薩摩
訶薩成就方便波羅蜜云何為五一者於一切
衆生意樂煩惱心行差别悉皆通達二者无
量諸法對治之門心皆曉了三者大慈悲定
出入自在四者於諸波羅蜜多皆願脩行成
熟滿足五者一切佛法皆願了達攝受无遺
善男子是名菩薩摩訶薩成就方便勝智
波羅蜜善男子復依五法菩薩摩訶薩成就
[illegible]

寂妙理趣離垢清淨心得安住三者遍一切
相心本真如无作无行不異不動心得安住
四者為欲利益諸衆生事於俗諦中心得安
住五者於奢摩他毗鉢舍那同時運行心得
安住善男子是名菩薩摩訶薩成就願波羅
蜜善男子復依五法菩薩摩訶薩成就力
波羅蜜云何為五一者以正智力能了一切衆
生心行善惡二者能令一切衆生入於甚深
微妙之法三者一切衆生輪迴生死隨其緣
業如實了知四者於諸衆生三種根性以正
智力能分別知五者於諸衆生如理為說令
種善根成熟度脫皆是智力故善男子是名
菩薩摩訶薩成就力波羅蜜善男子復依
五法菩薩摩訶薩成就智波羅蜜云何為

菩薩摩訶薩成就力波羅蜜善男子復依
五法菩薩摩訶薩成就智波羅蜜云何爲
五一者能於諸法分別善惡二者於黑白法遠
離攝受三者能於生死涅槃不厭不喜四者
具福智行至究竟處五者受勝灌頂能得
諸佛不共法等及一切智智善男子是名菩
薩摩訶薩成就智波羅蜜善男子何者是
波羅蜜義所謂脩習勝利是波羅蜜義滿
足无量大甚深智是波羅蜜義行非行法心
不執著是波羅蜜義生死過失涅槃功德正
覺正知是波羅蜜義愚人智人皆悉攝受是
波羅蜜義能現種種珎妙法寶是波羅蜜義
无礙解脫智慧滿足是波羅蜜義法界衆生
界正分別知是波羅蜜義施等及智能令至

羅蜜義能於菩提成佛十力四无所畏不共
法等皆悉成就是波羅蜜義生死涅槃了无
二相是波羅蜜義濟度一切是波羅蜜義一切
外道來相詰難善能解釋令其降伏是波羅
蜜義能轉十二妙行法輪是波羅蜜義无所著
无所見无患累是波羅蜜多義
善男子初地菩薩是相先現三千大千世界
无量无邊種種寶藏无不盈滿菩薩悉見
善男子二地菩薩是相先現三千大千世界地
平如掌无量无邊種種妙色清淨珍寶莊嚴
之具菩薩悉見善男子三地菩薩是相先現
自身勇健甲仗莊嚴一切怨賊皆能摧伏菩
薩悉見善男子四地菩薩是相先現四方風
輪種種妙花悉皆散灑充布地上菩薩悉見

輪種種妙花悉皆散灑充布地上菩薩悉見
善男子五地菩薩是相先現有妙寶女衆寶
瓔珞周遍嚴身首冠名花以爲其飾菩薩悉
見善男子六地菩薩是相先現七寶花池有四
階道金砂遍布清淨无穢八功德水皆悉盈
滿嗢鉢羅花拘物頭花芬陀利花隨處莊嚴
於花池所遊戲快樂清涼无比菩薩悉見善
男子七地菩薩是相先現於菩薩前有諸衆
生應墮地獄以菩薩力便得不墮无有損傷
亦无恐怖菩薩悉見善男子八地菩薩是相
先現於身兩邊有師子王以爲衛護一切衆獸
悉皆怖畏菩薩悉見善男子九地菩薩是
相先現轉輪聖王无量億衆圍繞供養頂上

量淨光悉皆圓滿有無量億梵王圍繞恭敬
供養轉於無上微妙法輪菩薩悉見
善男子云何初地名為歡喜謂初證得出世之
之心昔所未得而今始得於大事用如其所
願悉皆成就生極喜樂是故最初名為歡喜
諸微細垢犯戒過失皆得清淨是故二地名為
無垢無量智慧三昧光明不可傾動無能摧
伏聞持陀羅尼以為根本是故三地名為明
地以智慧火燒諸煩惱增長光明修行覺品
是故四地名為焰地修行方便勝智自在極
難得故見修煩惱難伏能伏是故五地名為
難勝行法相續了了顯現無相思惟皆悉現
前是故六地名為現前無漏無間無相思惟
解脫三昧遠修行故是地清淨無有障礙是

解脱三昧速脩行故是地清淨无有障礙是
故七地名為遠行无相思惟脩得自在諸煩
惱行不能令動是故八地名為不動說一切
法種種差別皆得自在无患无累增長智
慧自在无礙是故九地名為善慧法身如虛
空智慧如大雲皆能遍滿覆一切故是故第
十名為法雲
善男子執著有相我法无明怖畏生死惡趣
无明此二无明障於初地微細學處誤犯无
明發起種種業行无明此二无明障於二地未
得令得愛著无明能障殊勝摠持无明此二
无明障於三地味著等至喜悅无明微妙淨
法愛樂无明此二无明障於四地欲背生死无
明希趣涅槃无明此二无明障於五地麁行

地於微細諸相現行无明作意欣无相无
明此二无明障於七地於无相觀功用无明
執相自在无明此二无明障於八地於所說義
及名句文此二无量未善巧无明於詞辯才不
隨意无明此二无明障於九地於大神通未得
自在變現无明微細秘密未能悟解事
業无明此二无明障於十地於一切境微細
所知障礙无明極細煩惱麁重无明此二无
明障於佛地
善男子菩薩摩訶薩於初地中行施波羅
蜜於第二地行戒波羅蜜於第三地行忍波
羅蜜於第四地行勤波羅蜜於第五地行定
波羅蜜於第六地行慧波羅蜜於第七地行
方便勝智波羅蜜於第八地行願波羅蜜於
第九地行力波羅蜜於第十地行智波羅蜜

第九地行力波羅蜜於第十地行智波羅蜜
善男子菩薩摩訶薩初發心攝受能生妙
寶三摩地第二發心攝受能生可愛樂三摩
地第三發心攝受能生難動三摩地第四發
心攝受能生不退轉三摩地第五發心攝受
能生寶花三摩地第六發心攝受能生日圓光
燄三摩地第七發心攝受能生一切願如意成
就三摩地第八發心攝受能生現前證住三摩
地第九發心攝受能生智藏三摩地第十發
心攝受能生勇進三摩地善男子是名菩薩
摩訶薩十種發心善男子菩薩摩訶薩於
此初地得陀羅尼名依功德力爾時世尊即
說呪曰
怛姪他 晡嘌你曼奴喇剃

詷怛底　多跋達路文湯
憚荼鉢喇訶嚧　矩嚕莎訶
善男子此陁羅尼是過一恒河沙數諸佛所
說為護初地菩薩故若有誦持此陁羅尼
呪者得脫一切怖畏所謂虎狼師子惡獸之
類一切惡鬼人非人等怨賊災橫及諸苦惱解
脫五障不忘念初地
善男子菩薩摩訶薩於第二地得陁羅尼
名善安樂住
怛姪他　嗢篅入聲下同里
質里質里　嗢篅羅篅羅引喃
繕覩繕覩嗢篅里　虎嚕虎嚕莎訶
善男子此陁羅尼是過二恒河沙數諸佛所
說為護二地菩薩故若有誦持此陁羅尼呪

說爲護二地菩薩故若有誦持此陁羅尼呪
者脫諸怖畏惡獸惡鬼人非人等怨賊灾横
及諸苦惱解脫五障不忘念二地
善男子菩薩摩訶薩於第三地得陁羅尼
名難勝力
怛姪他 憚宅枳 般宅枳
羯喇㩳 高喇㩳 雞由哩 憚㩳里 莎訶
善男子此陁羅尼是過三恒河沙數諸佛所
說爲護三地菩薩故若有誦持此陁羅尼呪
者脫諸怖畏惡獸惡鬼人非人等怨賊灾横
及諸苦惱解脫五障不忘念三地
善男子菩薩摩訶薩於第四地得陁羅尼
名大利益
怛姪他 室唎 室唎 唎

畔陁須㡻莎訶
善男子此陁羅尼是過四恒河沙數諸佛所
說為護四地菩薩故若有誦持此陁羅尼呪
者脫諸怖畏惡獸惡鬼人非人等怨賊災橫
及諸苦惱解脫五障不忘念四地
善男子菩薩摩訶薩於第五地得陁羅尼
名種種功德莊嚴
怛 姪 他 訶哩訶引哩 你
遮哩遮引哩你 羯喇摩引 你
僧羯喇摩引你 三婆山你瞻跋你
悉耽婆你謨漢你 碎闍步陛莎訶
善男子此陁羅尼是過五恒河沙數諸佛所
說為護五地菩薩摩訶薩故若有誦持此陁
羅尼呪者脫諸怖畏惡獸惡鬼人非人等怨

羅尼呪者脫諸怖畏惡獸惡鬼人非人等怨
賊灾擴及諸苦惱解脫五障不忘念五地
善男子菩薩摩訶薩於第六地得陁羅尼名
圓滿智
怛 姪 他 毗徒哩 毗徒哩
摩哩你迦里迦 里 毗度嘆 底
嚕 嚕 嚕 嚕 主 嚕 主 嚕
柱嚕婆柱嚕 婆 捨捨設者婆哩灑
莎八 悉底薩婆薩埵喃 悉 甸 覩 漫
曼怛囉鉢陁你莎訶
善男子此陁羅尼是過六恒河沙數諸佛所
說為護六地菩薩摩訶薩故若有誦持此陁
羅尼呪者脫諸怖畏惡獸惡鬼人非人等怨
賊灾擴及諸苦惱解脫五障不忘念六地
善男子菩薩摩訶薩於第七地得陁羅

怛姪他　勺訶上勺訶引嚕
勺訶勺訶勺訶嚕　鞞陸枳鞞陸枳
阿蜜栗多唬嚛你　勃里山你
鞞嚕勃枳婆嚕伐底　鞞嚕提四枳
頻陀鞞哩你　阿蜜哩底枳
薄虎主愈　薄虎主愈莎訶
善男子此陀羅尼是過七恒河沙數諸佛所
說為護七地菩薩故若有誦持此陀羅尼
呪者脫諸怖畏惡獸惡鬼人非人等怨賊灾橫
及諸苦惱解脫五障不忘念七地
善男子菩薩摩訶薩於第八地得陀羅尼
名无盡藏
怛姪他　室唎室唎室唎你
蜜底蜜底底　羯哩羯哩醯嚕醯嚕

窒底窒底　羯哩羯哩驅嚕驅嚕
主嚕主嚕　畔陁須莎訶
善男子此陁羅尼過八恒河沙數諸佛所説
為護八地菩薩故若有誦持此陁羅尼呪者
脫諸怖畏惡獸惡鬼人非人等怨賊災横及
諸苦惱解脫五障不忘念八地
善男子菩薩摩訶薩於第九地得陁羅尼
名无量門
怛姪他　訶哩旃茶哩枳
俱藍婆喇體天里反　都剌死
拔吒拔吒死室剌室喇　迦室哩迦必室喇
莎蘇活反悉底　薩婆薩埵喃莎訶
善男子此陁羅尼是過九恒河沙數諸佛
所説為護九地菩薩故若有誦持此陁羅尼
呪者脫諸怖畏惡獸惡鬼人非人等怨賊

善男子菩薩摩訶薩於第十地得陁羅尼
名破金剛山
怛姪他　悉提去蘇悉提去
謨折你木察你　毗木底菴末麗
毗末麗涅末麗　忙揭麗
呬㘓若揭鞞　遏喇怛娜揭鞞
三曼多跋姪囇　薩婆頞他娑憚你
摩捺斯莫訶摩捺斯　頞步底
頞窒步底　阿喇誓毗喇誓
頞主底菴蜜栗底　阿喇誓毗喇誓
跋嚂謎　跋囉甜合大麌莎入囇
晡喇你晡喇娜　曼奴喇剃莎訶
善男子此陁羅尼灌頂吉祥句是過十恒河
沙數諸佛所說為護十地菩薩故若有誦持

吉祥句此陀羅尼清頂吉祥句是過十恒河
沙數諸佛所說為護十地菩薩故若有誦持
此陀羅尼呪者脫諸怖畏惡獸惡鬼人非人
等怨賊灾横一切毒害皆悉除滅解脫五障
不忘念十地
尒時師子想无礙光焰菩薩聞佛說此不可
思議陀羅尼已即從座起偏但右肩右膝
著地合掌恭敬頂礼佛足以頌讚佛
敬礼无譬喻　甚深无相法　衆生失正知　唯佛能濟度
架明慧眼　不見一法相　復以正法眼　普照不思議
不生於一法　亦不滅一法　由斯平等見　得至无上處
不壞於生死　亦不住涅槃　不著於二邊　是故證圓寂
於淨不淨品　世尊知一味　由不分別故　獲得康清淨
世尊无邊身　不說於一字　令諸弟子衆　法雨皆充滿
[illegible]

如是衆多義　隨說有差別　譬如空谷響　唯佛能了知
法界无分別　是故无异乘　為度衆生故　分別說有三
尒時大自在梵天王亦從座起偏袒右肩右膝
著地合掌恭敬頂礼佛足而白佛言世尊此
金光明最勝王經希有難量初中後善文義
究竟皆能成就一切佛法若受持者是人則
為報諸佛恩佛言善男子如是如是如汝所
說善男子若得聽聞是經典者皆不退於阿
耨多羅三藐三菩提何以故善男子是能成
熟不退地菩薩殊勝善根是第一法印是衆
經王故應聽聞受持讀誦何以故善男子若
一衆生未種善根未成熟善根未親近諸佛
者不能聽聞是微妙法若善男子善女人
能聽受者一切罪障皆悉除滅得最清淨

能聽受者一切罪障皆悉除滅得身清淨
常得見佛不離諸佛及善知識勝行之人恒
聞妙法住不退地獲得如是勝陁羅尼門所
謂无盡无減海印出妙功德陁羅尼无盡无
減通達衆生意行言語陁羅尼无盡无減日
圓无垢相光陁羅尼无盡无減滿月相光陁羅
尼无盡无減能伏諸惑演功德流陁羅尼无
盡无減破金剛山陁羅尼无盡无減說不可
說義因緣藏陁羅尼无盡无減通達實語
法則音聲陁羅尼无盡无減虛空无垢心行
印陁羅尼无盡无減无邊佛身皆能顯現
陁羅尼无盡无減
善男子如是等无盡无減諸陁羅尼門得成
就故是菩薩摩訶薩能於十方一切佛土化

不見一衆生可成熟者雖說種種諸法於言
詞中不動不住不去不來能於生滅證无生滅
以何因緣說諸行法无有去來由一切法體
无異故說是法時三万億菩薩摩訶薩得
无生法忍无量諸菩薩不退菩提心无量无邊
苾芻苾芻尼得法眼淨无量衆生發菩薩心
尒時世尊而說頌曰
勝法能逆生死流　甚深微妙難得見
有情盲冥貪欲覆　由不見故受衆苦
尒時大衆俱從座起頂礼佛足而白佛言世
尊若所在處講宣讀誦此金光明最勝王
經我等大衆皆悉往彼為作聽衆是說法
師令得利益安樂无障身意泰然我等皆當

師令得利益安樂无障身意泰然我等皆當
盡心供養亦令聽衆安隱快樂所住國土无
諸怨賊恐怖厄難飢饉之苦人民熾盛此說法
處道場之地一切諸天人非人等一切衆生不
應履踐及以汙穢何以故說法之處即是
制底當以香花繒綵幡蓋而為供養我等
常為守護令離衰損佛告大衆善男子汝
等應當精勤脩習此妙經典是則正法久住
於世

金光明經卷第四

挍 善里 從木

BD01154　金光明最勝王經卷四

BD01155 大般若波羅蜜多經卷一一五

（唐）玄奘 譯

38.8cm × 25.9cm

恒住捨性慶喜耳界耳識界及、
為緣所生諸受聲界耳識界及耳觸
緣所生諸受性空何以故以聲界耳
觸耳觸為緣所生諸受性空與無忘
住捨性無二無二分故慶喜由此故、
等無二為方便無生為方便無所
便迴向一切智智脩習無忘失法恒
世尊云何以鼻界無二為方便無生為
無所得為方便迴向一切智智脩習無忘
法恒住捨性慶喜鼻界鼻界性空何以故
以鼻界性空與無忘失法恒住捨性無二無
二分故世尊云何以香界鼻識界及鼻觸
[illegible]

失法恒住捨性慶喜香界鼻識界及鼻觸
鼻觸緣所生諸受香界鼻識界及鼻觸鼻觸
爲緣所生諸受性空何以故以香界鼻識界及
鼻觸鼻觸爲緣所生諸受性空與無忘失法
恒住捨性無二無二分故慶喜由此故說以鼻
界等無二爲方便無生爲方便無所得爲方
便迴向一切智智脩習無忘失法恒住捨性

大般若波羅蜜多經卷第一百一十五

BD01156 金光明最勝王經卷七

（唐）義净 譯

379.2cm × 25cm

[illegible]
尒時觀自在菩薩摩訶薩
起偏袒右肩合掌恭敬
於佛前略説如意寳珠
利益哀隱世間擁護一
力所求如願而説呪曰
怛姪他唱 帝 毗弋唱帝你唱 帝
鉢喇窒體 雞 鉢剌底丁邪蜜窒 麗
戍提目羝毗弋末麗 鉢喇婆莎活攞 麗
安荼聲入 麗般荼麗 稅平聲 帝
般荼囉婆死 你 唱麗羯荼引 麗
劫 畢 麗 氷揭羅悪 綺
達地 目 企 曷咯又曷咯又
我某甲及此住處一切恐怖所有苦惱乃至

尒時執金剛秘密主菩薩即從座起合掌恭
敬白佛言世尊我今亦說陁羅尼呪名曰無
勝於諸人天為大利益哀愍世間擁護一切
有大威力所求如願即說呪曰
怛姪他母你母 你 母尼曬末 底末底
蘇末底莫訶末底 呵呵呵磨婆 以
那悉底帝刹波跋 吠折攞波 你
惡蚶甘火姪嘌荼上 莎訶
世尊我此神呪名曰無勝擁護若有女一
心受持書寫讀誦憶念不忘我於晝夜常
護是於一切恐怖乃至枉死悉皆遠離
尒時索訶世界主梵王即從座起合掌恭
敬白佛言世尊我亦有陁羅尼微妙法門於
諸人天為大利益哀愍世間擁護一切有大

BD01156 金光明最勝王經卷七

諸人天爲大利益哀愍世間擁護一切有大
威力所求如願即說呪曰
怛　姪　他　醯里須里地里沙訶
跋羅蚶魔布羅　跋羅蚶末　泥
跋羅蚶磨揭　羅　補澀跋僧悉怛囉
莎訶
世尊我此神呪名曰梵治悉能擁護持是呪
者令離憂惱及諸罪業乃至枉死悉皆遠
離尒時帝釋天主即從座起合掌恭敬白佛言
世尊我亦有陁羅尼名跋折羅扇你是大明
呪能除一切恐怖厄難乃至枉死悉皆遠離
拔苦與樂利益人天即說呪曰
怛姪他毗你婆嘲你　畔柁磨　彈　滯
麼曬你擻擻尒瞿哩　健陁哩旃荼哩

斫羯囉婆　枳　捨伐哩奢伐哩莎訶
尒時多聞天王持國天王增長天王廣目天
王俱從座起合掌恭敬白佛言世尊我今亦
有神呪名施一切衆生無畏於諸苦惱常爲
擁護令得安樂增益壽命無諸患苦乃至枉
死悉皆遠離即說呪曰
怛姪他補澀閉　蘊補澀閉
度磨鉢剌哩囉　阿離耶鉢喇設悉
帝扇帝涅目帝　仁揭剌寧都帝
悉哆　鼻帝　莎訶
尒時復有設大龍王所謂末那斯龍王電光
龍王無熱池龍王電舌龍王妙光龍王俱從座
起合掌恭敬白佛言世尊我亦有如意寶
珠陁羅尼能遮惡電除諸恐怖能於人天爲
利益哀愍世間擁護一切有大威力所求如

珠陁羅尼能度惡靈除諸恐怖能於人天為
大利益哀愍世間擁護一切有大威力所求如
願乃至枉死悉皆遠離一切毒藥皆令止息
一切造作蠱道呪術不吉祥事悉令除滅我
今以此神呪奉獻世尊唯願哀愍慈悲納
受當令我等離此龍趣永捨慳貪何以故由此
慳貪於生死中受諸苦惱我等願斷慳貪
種子即說呪曰
怛姪他阿折　囉　阿末囉阿蜜㗚帝
惡叉裒阿斃　裒　奔尼鉢剌那法帝
薩婆波　跛　鉢剌苫摩尼裒莎
訶阿離　裒　般豆蘇波尼裒莎訶
世尊若有善男子善女人口中說此陁羅尼
明呪或書經卷受持讀誦恭敬供養者終無

子毒虵之類乃至此虵悉不為害
尒時世尊普告大衆善哉善哉此等神呪皆有
大力能隨衆生心所求事悉令圓滿為大利益
除不至心汝等勿疑時諸大衆聞佛語已歡
喜信受

金光明最勝王經大辯才天女品第十五

尒時大辯才天女於大衆中即從座起頂礼佛
足白佛言世尊若有法師說是金光明最勝
王經者我當益其智慧具足莊嚴言說之
辯若彼法師於此經中文字句義所有忘失
皆令憶持能善開悟復與陁羅尼揔持無礙
又此金光明最勝王經為彼有情已於百千
佛所種諸善根常受持者於贍部洲廣行流
布不速隱沒復令無量有情聞是經典皆得

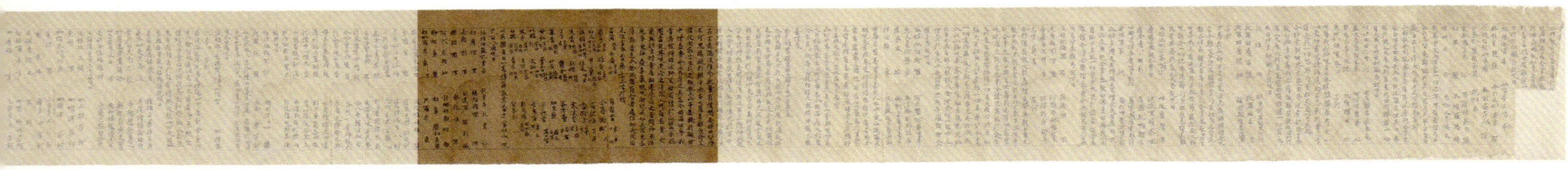

布不速隱沒復令無量有情聞是經典皆得
不可思議捷利辯才無盡大慧善解衆論及
諸伎術能出生死速趣無上正等菩提於現世
中增益壽命資身之具悉令圓滿世尊我
當為彼持經法師及餘有情於此經典樂聽
聞者說其呪洗浴之法彼人所有惡星災
變與初生時星屬相違疫病之苦鬪諍戰陣
惡夢鬼神蠱毒厭魅呪術起屍如是諸惡為
障難者悉令除滅諸有智者應作如是洗浴
之法當取香藥三十二味所謂
昌蒲 跋者 牛黃 瞿盧折娜 苜蓿香 塞畢力迦
麝香 莫訶婆伽 雄黃 末捺眵羅 合昏樹 尸利灑
白及 因達囉喝悉哆 芎藭 闍莫迦 苟杞根 苫弭
松脂 室利薜瑟得迦 桂皮 咄者 香附子 目窣哆

……者……

葦香捺剌拖　竹黃鵝路戰娜　細豆蔻蘇泣迷羅

甘松苫弭哆　藿香鉢怛羅　茅根香嗢尸羅

叱脂薩洛計　艾納世黎也　安息香窶具攞

芥子薩利殺跛　馬芹葉婆你　龍花鬚那伽雞薩羅

白膠薩折羅婆　青木矩瑟侘　皆等分

以布灑星日一處擣篩取其香末當以此咒

咒百八遍咒曰

怛姪他蘇訖栗帝　訖栗帝訖栗計

劫摩怛里　繕怒羯囒滯

赤羯喇滯　因達羅闍利曬

鑠羯囒滯　鉢設姪囇

阿伐底羯細　計娜矩覩矩覩

脚迦鼻灑　劫鼻灑劫鼻灑

劫毗羅末底丁里　尸羅末夜

BD01156　金光明最勝王經卷七

刧毗羅末底丁里　尸羅末夜
那底度羅末底里　波代雉畔稚囉
室囉室囉　薩底恚體羝莎訶
若樂如法洗浴時　應作壇場方八肘
可於寂靜安隱處　念所求事不離心
應塗牛糞作其壇　於上普散諸花彩
當以淨潔金銀器　盛滿美味并乳蜜
於彼壇場四門所　四人守護法如常
令四童子好嚴身　各於一角持瓶水
於此常燒安息香　五音之樂聲不絕
幡蓋莊嚴懸繒綵　安在壇場之四邊
復於場內置明鏡　利刀兼箭各四枚
於壇中心埋大盆　應以漏板安其上
用前香抹以和湯　亦復安在於壇內

怛姪他頞喇計 娜也泥去四 釃
頞釃 祇 釃 企企 釃 莎訶
如是結界已 方入於壇內 呪水三七遍 散灑於四方
次可呪香湯 滿一百八遍 四邊安幔障 然後洗浴身
呪水呪湯呪曰
怛姪他一 索揭智貞勵反下同二 毗揭智三 毗揭荼
伐底四 莎訶五
若洗浴訖其洗湯及壇場中供養飲食棄河
池內餘皆收攝如是浴已方著淨衣既出
壇場入淨室內呪師教其發弘誓願永斷衆
惡常脩諸善於諸有情興大悲心以是因緣
當獲無量隨心福報復說頌曰
若有病苦諸衆生 種種方藥治不差
若依如是洗浴法 并復讀誦斯經典

若依如是洗浴法　并復讀誦斯經典
常於日夜念不散　専想慇懃生信心
所有患苦盡消除　解脫貧窮足財寶
四方星辰及日月　威神擁護得延年
吉祥安隱福德增　災變厄難皆除遣
次誦護身呪三七遍呪曰
怛姪他　三謎　毗三謎　莎訶
索揭滯　毗揭滯　莎訶
毗揭荼及亭耶伐底　毗揭滯　莎訶
娑揭羅　三步多也　莎訶
塞建陁　摩多也　莎訶
尼攞建陁也　莎訶
阿鉢囉市哆　毗梨耶也　莎訶
呬摩槃哆　三步多也　莎訶

南謨薩囉酸蘇活底　莫訶提鼻裔莎訶
悉甸覩漫此云成就我某甲　曼但囉鉢陁莎訶
但噸覩仳姪哆　跋囉甜摩奴末覩莎訶
尒時大辯才天女說洗浴法壇場呪已前礼
佛足白佛言世尊若有苾芻苾芻尼鄔波
索迦鄔波斯迦受持讀誦書寫流布是妙經
王如說行者若在城邑聚落曠野山林僧尼住
處我為是人將諸眷屬作天伎樂來詣其所
而為擁護除諸病苦流星變怪疫病鬪諍王
法所拘惡夢惡為障礙者蠱道厭術悉皆除
殄饒益是等持經之人苾芻苾芻等眾及諸
聽者皆令速渡生死大海不退菩提
尒時世尊聞是說已讚辯才天女言善哉善
哉天女汝能安樂利益無量無邊有情說此

BD01156　金光明最勝王經卷七

哉天女汝能安樂利益無量無邊有情說此
神呪及以香水壇場法式果報難思汝當擁
護最勝經王勿令隱沒常得流通尒時大辯才
天女礼佛足已還復本座
尒時法師授記憍陳如婆羅門承佛威力於
大眾前讚請辯才天女曰
聰明勇進辯才天　人天供養悉應受
名聞世間遍充滿　能與一切眾生願
依高山頂勝住處　葺茅為室在中居
恒結耎草以為衣　在處常翹於一足
諸天大眾皆來集　咸同一心申讚請
唯願智慧辯才天　以妙言詞施一切
尒時辯才天女即便受請為說呪曰
怛姪他慕囉只囇　阿伐帝[貞]勵阿伐吒伐底

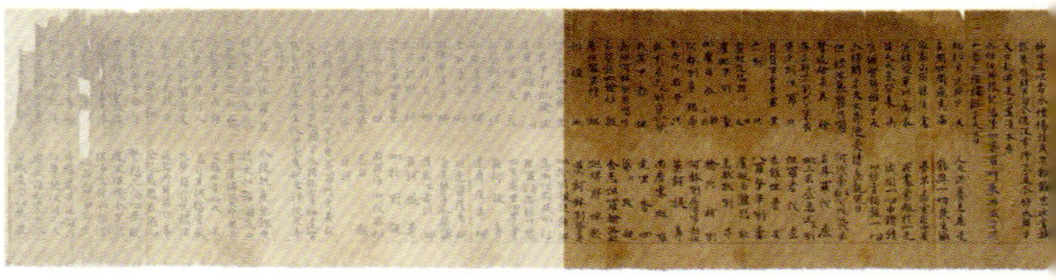

莫近喇怛囉只　怛囉者伐底
質質哩室里蜜里　未難地曇去
未喇只　八囉拏畢喇囊
盧迦逝瑟跚刃世反　盧迦失曬瑟耻
盧迦畢喇囊　惹馱跋喇帝
毗磨目企反利輕　輸只析喇
阿鉢喇底羯帝　阿鉢喇底唱哆勃地
南毋只南毋只　莫訶提鼻
鉢喇底近入喇昏丈根拏上　南磨塞迦囉
我其甲勃地　達哩杳呬
勃地阿鉢喇底唱哆　婆上跋覩
市婆謎毗輸娃覩　舍悉怛囉輸路迦
曷怛囉畢捍迦　迦娉耶地數
怛娃他　莫訶鉢喇婆鼻

怛姪他
㗚里蜜里㗚里蜜里
我其甲勃地輸提
薩羅酸活蘇點丁焰引
雞由囉末底
阿婆訶耶須
勃陁薩帝娜
僧伽薩帝娜
跋婁拏薩帝娜
羝釤薩帝娜
阿婆訶耶須
㗚里蜜里㗚里蜜里
我其甲勃地
莫訶提鼻薩羅酸底

莫訶鉢剁婆鼻
毗折喇覩謎勃地
薄伽伐點提毗餤
羯囉魯家滯雞由囉
㗚里蜜里㗚里蜜里
莫訶提鼻
達摩薩帝娜
目達囉薩帝娜
毫盧雞鼻薩底婆地娜
薩底伐者泥娜
莫訶提鼻
毗折喇覩
南謨薄伽伐底利丁
恚甸覩

大士能為衆生求妙辯才及諸珎寶神通智
慧廣利一切速證菩提如是應知受持法式即
說頌曰
先可誦此陁羅尼　令使純熟無謬失
歸敬三寶諸天衆　請求加護願隨心
敬礼諸佛及法寶　菩薩獨覺聲聞衆
次礼梵王并帝釋　及護世者四天王
一切常脩梵行人　悉可至誠慇重敬
可於寂靜蘭若處　大聲誦前呪讚法
應在佛像天龍前　隨其所有脩供養
於彼一切衆生類　發起慈悲哀愍心
世尊妙相紫金身　繫想正念心無亂
世尊護念說教法　隨彼根機令習定
於其句義善思惟　復依空性而脩習

BD01156　金光明最勝王經卷七

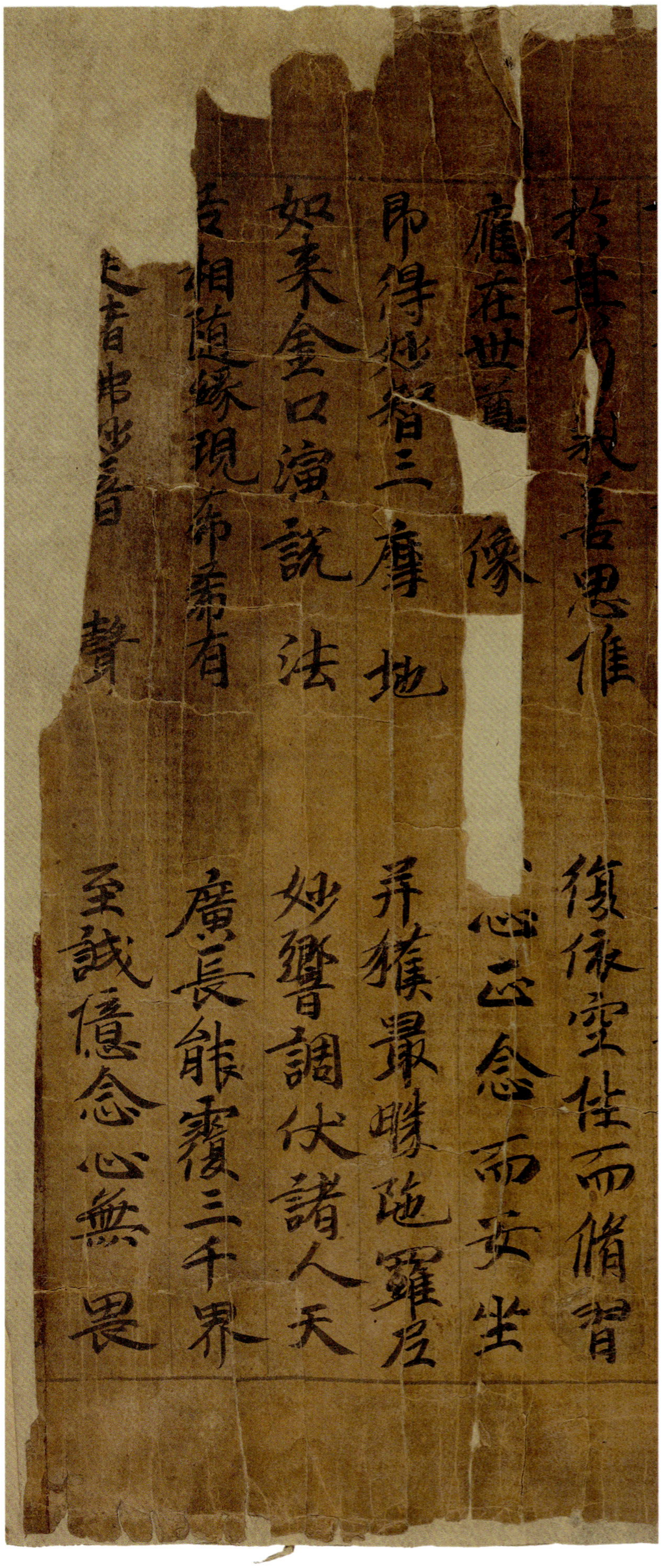

於其門外善思惟　復依空性而脩習
應在世尊像　一心正念而安坐
即得妙智三摩地　并獲最勝陁羅尼
如來金口演說法　妙響調伏諸人天
舌相隨緣現希有　廣長能覆三千界
諸佛妙音　讚　至誠憶念心無畏

BD01157　太上洞淵神咒經卷四

BD01157v　雜寫

181.6cm × 25.4cm

道言靈畨既煥万帝朝真口詠仙章記
後聖人太上案筆玉妃拼莚鑄金為簡
刻書玉篇出於空洞自然之文帝王寶之
社稷長存紫雲吐輝流灑諸天檢録天
度選擇種人祀維丁卯當由其賢命台
吾帝爾朗九玄昌李之秀日下十田金石
入卯草木罡堅三鱗之代庚子之年吾之大
道合於笁乹五龍飛泉凶戈為先聖女開
釋流祚百千既知其毋復知其子既知其子
復守其毋有國之毋可以長久龍漢之下
赤明之後積德累功在乎文武文武千
万始從我顛五穀自生無相責恨九都
上格其名亦明下備中土上化玉京善

洩之禍至滅族是時諸天一時稽首作
礼而作誦曰 妙法蓮華經壽
天尊迴玉駕 无極天中王 靈書八會字 五音合成章
天真解妙韻 普成天地功 上植諸天根 落落神仙宗
地獄五苦解 刀山不生峰 堂堂大乘化 一切不偏功
如是靈寶法 是為王中王 煥爛飛空內 流光三界庭
神當啓靈會 玉書應景生 煥爛 流光三界庭
道言大聖龍興下世度人誅罷偽座退前道
人壬子之初乙卯之年至甲子之旨以保甲申
遇吾此道其在自徑 四尺尓律卷卷卷

BD01157　太上洞淵神咒經卷四

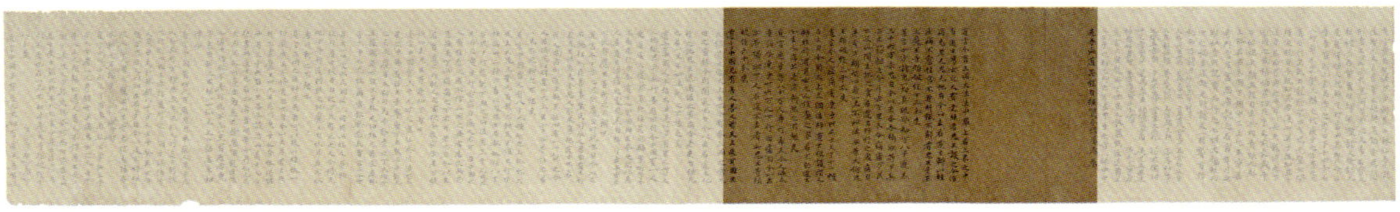

遇吾此道其祚自强四分分律卷卷卷

道言今有三洞大法法中最上若三界之中
有道士男女之人有受經者鬼王護之令治
病患老人鬼无他自今以去若道士轉此經
疾病不愈仕官不遷刑獄不解者鬼王青真

三千六万赤鬼自今以去各各攝汝等下兵
兵士一切勑之令斥去万里未令病䖈万民
也及此間土地之靈若道士所行之處病自
差愈万願從心若一旦不如法汝等大倫鬼
王頭破作三千分矣
道言今人瘧病者連子所為也天下十二種
力士自今聞太上三洞法師道士救護病人
轉經行道男女之人作齋之家若不助道士
令主人病不差者斬煞之不恕矣
道言連子等八十万人專行毒炁令人溫炁
重病令連子卌六万人下行因痛自今以去
汝等攝汝下人若復不去者此鬼王等頭
破作六十分矣
道言中國无有善人善人者天上来耳國王

道言中國无有善人善人者天上来耳國王
大信道士者天上生世令有奉三洞之者先
世之重緣令則聞見世自今以去若道士化
行之地鬼王追逐佐之有病令差矣勿使死
也若一旦不如法斬之不怨之焉
道言中國人不信大法是以多有罪人罪人
入地獄鬼兵亂行善惡不别令中國有一人
受道者大魔紫真犯倫焉逐歸素淵等各
各助為作力令道士心堅固國主奉之開化愚
人若道士治病之處鬼悉自擕行去千里若
不伏者魔王等斬之不怨也
道言令十方之鬼則魔王所統世自今以去
不聽枉煞良善晝藏夜行取人男女道士行
處鬼王佐助未令惡人耶鬼卑犯道士也若

一旦不從斬之不怨矣
道言中國罪人有八十九種煞鬼山林水火
風土大鬼三千九百衆大和鬼王領之行万
種病卌二種六畜之鬼鬼王名都奴領八十
万鬼下行惡創下血之病復有三千鳥鬼鬼
王名文夔子行赤病白癩人不可治中國之
人有作惡之者不信三洞之要者悉值此惡
鳥飛来下此病病之万不可差也自今以去
若有道士所救人之處便令疾病除差万願
從心矣鬼王等遲切万苛世
道言中國有三千九万人應仙秦川漢蜀三
吴之中孫道留王子寧唐万生焦石子劉光
之馬禾慶荀太初司馬平郭秀之丁大倫樂
法讓謝莫女使王子林允伯任元孫支道林

法讓謝莫女侯王子林元伯任元孫女道林
等三千人為杜蘭香採藥悉来當宮中令世

道士一心受此三洞法必得與此仙人等相
值耳道士但力自救万民有厄之人令得无
他汝等行道轉經之地魔王自伏耳若不伏
者次斬之不怨也
道言三洞之法神呪為要何以故此經伏一
切魔魔王不得逃之也自令以去若道士經
行之處魔王卅九王烏川連子文吉休渴[illegible]
子等三千六百小王各各讓治此道士勿令
犯軍此道士也若尒者當汝等令昇仙无為
矣若不救此道士助惡為勢怨懷亂道法
令道士治救不差所為不允一旦有惡者魔
等悉坐斬之不怨一一如太上口勑急急如
律

道[illegible]
人奄死行万種悪烝烝来煞人得道士轉經
之時則必國王亦信道行受三洞子孫傳貴
大魔子鳥純林期八千万人壬子癸亥之年
領万鬼煞人以知汝名字自今以後不得枉
煞人煞人者大魔王小王等患信悉陽各
各斬之不恕矣　尒時世尊
道言中國壬辰之年有真君亂出李弘三千
万人主者一人耳時世多病男女之人壬子
年入山人間愍化愚人愚人不信道不受三
洞水来煞人刀兵交興奈何奈何惟有受經
道士魔王護之終不死也當令道士治病病
无不差也若一旦不如法魔王等頭破作十
八分矣
道言中國多有悪人不知有道見善有從

BD01157v　雜寫

BD01158

大般若波羅蜜多經卷五九

（唐）玄奘 譯

641cm × 25.7cm

空何以故善現
別異之相是[illegible]
大乘中平等不[illegible]
俱不可得瞋不[illegible]
不可得煩不煩[illegible]
善相俱不可得[illegible]
無漏相俱不可[illegible]
染雜染相俱不可得世間出世間相俱不可
得雜染清淨相俱不可得生死涅槃相俱不
可得常無常相俱不可得樂及苦相俱不可
得我無我相俱不可得淨不淨相俱不可得
寂靜不寂靜相俱不可得遠離不遠離相俱
不可得欲界出欲界相俱不可得色界出色
界相俱不可得無色界出無色界相俱不可
得何以故善現以大乘中諸法自性不可得

行識空未來受想行識未來受想行識空現
在受想行識現在受想行識空所以者何善
現空中過去色不可得何以故過去色即是
空空性亦空空中空尚不可得何況空中有
過去色可得善現空中未來色不可得何以
故未來色即是空空性亦空空中空尚不可
得何況空中有未來色可得善現空中現在
色不可得何以故現在色即是空空性亦空
空中空尚不可得何況空中有現在色可得
善現空中過去未來現在色不可得何以故
過去未來現在色即是空空性亦空空中空
尚不可得何況空中有過去未來現在色可
得善現空中過去受想行識不可得何以故
過去受想行識即是空空性亦空空中空尚
不可得何況空中有過去受想行識可得善

得善現空中過去受想行識不可得何以故
過去受想行識即是空空性亦空空中空尚
不可得何況空中有過去受想行識可得善
現空中未來受想行識不可得何以故未來
受想行識即是空空性亦空空中空尚不可得
何況空中有未來受想行識可得善現空中
現在受想行識不可得何以故現在受想行
識即是空空性亦空空中空尚不可得何
況空中有現在受想行識可得善現空中過
去未來現在受想行識不可得何以故過去
未來現在受想行識即是空空性亦空空中
空尚不可得何況空中有過去未來現在受
想行識可得
善現過去眼處過去眼處空未來眼處未來
眼處空現在眼處現在眼處空過去耳鼻舌

身意處現在耳鼻舌身意處空所以者何善
現空空中過去眼處不可得何以故過去眼處即
是空空空空性亦空空空空中空空尚不可得何況空空
中有過去眼處可得善現空空中未來眼處不
可得何以故未來眼處即是空空空空性亦空空空空
中空空尚不可得何況空空中有未來眼處可得
善現空空中現在眼處不可得何以故現在眼
處即是空空空空性亦空空空空中空空尚不可得何況
空空中有現在眼處可得善現空空中過去未來
現在眼處不可得何以故過去未來現在眼
處即是空空空空性亦空空空空中空空尚不可得何況
空空中有過去未來現在眼處可得善現空空中
過去耳鼻舌身意處不可得何以故過去耳
鼻舌身意處即是空空空空性亦空空空空中空空尚不

過去耳鼻舌身意處不可得何以故過去耳
鼻舌身意處即是空空性亦空空中空尚不
可得何況空空中有過去耳鼻舌身意處可得
善現空中未來耳鼻舌身意處不可得何以
故未來耳鼻舌身意處即是空空性亦空空
中空尚不可得何況空中有未來耳鼻舌身
意處可得善現空中現在耳鼻舌意處不
可得何以故現在耳鼻舌身意處即是空空
性亦空空中空尚不可得何況空中有現在
耳鼻舌身意處可得善現空中過去未來現
在耳鼻舌身意處不可得何以故過去未來
現在耳鼻舌身意處即是空空性亦空空中
空尚不可得何況空中有過去未來現在耳
鼻舌身意處可得
善現過去色處過去色處空未來色處未來

觸法處過去聲香味觸法處空未來聲香味
觸法處未來聲香味觸法處空現在聲香味
觸法處現在聲香味觸法處空所以者何善
現空中過去色處不可得何以故過去色處
即是空空性亦空空中空尚不可得何況空
中有過去色處可得善現空中未來色處不
可得何以故未來色處即是空空性亦空空
中空尚不可得何況空中有未來色處可得
善現空中現在色處不可得何以故現在
色處即是空空性亦空空中空尚不得何況
空中有現在色處可得善現空中過去未來
現在色處不可得何以故過去未來現在色
處即是空空性亦空空中空尚不可得何況
空中有過去未來現在色處可得善現空中
過去聲香味觸法處不可得何以故過去聲
香味觸法處即是空空性亦空空中空尚不

過去聲香味觸法處不可得何以故過去聲
香味觸法處即是空空性亦空空中空尚不
可得何況空中有過去聲香味觸法處可得
善現空中未來聲香味觸法處不可得何以
故未來聲香味觸法處即是空空性亦空空
中空尚不可得何況空中有未來聲香味觸
法處可得善現空中現在聲香味觸法處不
可得何以故現在聲香味觸法處即是空空
性亦空空中空尚不可得何況空中有現在
聲香味觸法處可得善現空中過去未來現
在聲香味觸法處不可得何以故過去未來
現在聲香味觸處即是空空性亦空空中
空尚不可得何況空中有過去未來現在聲
香味觸法處可得

眼界空未來眼界空現在眼界空過去色界眼
識界及眼觸眼觸為緣所生諸受過去色界
乃至眼觸為緣所生諸受未來色界眼識
界及眼觸眼觸為緣所生諸受未來色界乃
至眼觸為緣所生諸受空現在色界眼識界
及眼觸眼觸為緣所生諸受現在色界乃至
眼觸為緣所生諸受空所以者何善現空中
過去眼界不可得何以故過去眼界即是空
空性亦空空中空尚不可得何況空中有過
去眼界可得善現空中未來眼界不可得何
以故未來眼界即是空空性亦空空中空尚不
可得何況空中有未來眼界可得善現空中
現在眼界不可得何以故現在眼界即是空
空性亦空空中空尚不可得何況空中有現
在眼界可得善現空中過去未來現在眼界
不可得何以故過去未來現在眼界即是

在眼界可得善現空中過去未來現在眼界
不可得何以故過去未來現在眼界即是
空空性亦空中空尚不可得何況空中有
過去未來現在眼界得善現空中過去色
界眼識界及眼觸眼觸為緣所生諸受不可
得何以故過去色界乃至眼觸為緣所生諸
受即是空空性亦空空中空尚不可得何況
空中有過去色界乃至眼觸為緣所生諸受
可得善現空中未來色界眼識界及眼觸眼
觸為緣所生諸受不可得何以故未來色界乃
至眼觸為緣所生諸受即是空空性亦空空
中空尚不可得何況空中有未來色界乃至
眼觸為緣所生諸受可得善現空中現在色
界眼識界及眼觸為緣所生諸受不可

空中有現在色界乃至眼觸為緣所生諸受
受可得善現空中過去未來現在色界眼識
界及眼觸眼觸為緣所生諸受不可得何以
故過去未來現在色界乃至眼觸為緣所生
諸受即是空空性亦空空中空尚不可得何
況空中有過去未來現在色界乃至眼觸為
緣所生諸受可得
善現過去耳界過去耳界空未來耳界未來
耳界空現在耳界現在耳界空過去聲界耳
識界及耳觸耳觸為緣所生諸受過去聲界
乃至耳觸為緣所生諸受空未來聲界耳識
界及耳觸耳觸為緣所生諸受未來聲界乃
至耳觸為緣所生諸受空現在聲界耳識界
及耳觸耳觸為緣所生諸受現在聲界乃至
耳觸為緣所生諸受空不可得何以故善現空中

及耳觸耳觸為緣所生諸受現在聲界乃至
耳觸為緣所生諸受空所以者何善現空中
過去耳界不可得何以故過去耳界即是空
空性亦空空中空尚不可得何況空中有過
去耳界可得善現空中未來耳界不可得何
以故未來耳界即是空空性亦空空中空尚
不可得何況空中有未來耳界可得善現空中
現在耳界不可得何以故現在耳界即是空
空性亦空空中空尚不可得何況空中有現
在耳界可得善現空中過去未來現在耳界
不可得何以故過去未來現在耳界即是空
空性亦空空中空尚不可得何況空中有過
去未來現在耳界可得善現空中過去聲界
耳識界及耳觸耳觸為緣所生諸受不可得
何以故過去聲界乃至耳觸為緣所生諸受

過去聲界乃至耳觸為緣所生諸受可得
善現空中未來聲界耳識界及耳觸耳觸為
緣所生諸受不可得何以故未來聲界乃至
耳觸為緣所生諸受即是空空性亦空空中
空尚不可得何況空中有未來聲界乃至耳
觸為緣所生諸受可得善現空中現在聲
界耳識界及耳觸為緣所生諸受不可
得何以故現在聲界乃至耳觸為緣所生諸
受即是空空性亦空空中空尚不可得何況
空中有現在聲界乃至耳觸為緣所生諸受可
得善現空中過去未來現在聲界耳識界及
耳觸耳觸為緣所生諸受不可得何以故過去
未來現在聲界乃至耳觸為緣所生諸受即
是空空性亦空空中空尚不可得何況空中
有過去未來現在聲界乃至耳觸為緣所生

未來現在聲界乃至耳觸為緣所生諸受即
是空空性亦空空中空尚不可得何况空中
有過去未來未現在聲界乃至耳觸為緣所生
諸受可得
善現過去鼻界過去鼻界空未來鼻界未來
鼻界空現在鼻界現在鼻界空去香界鼻
識界及鼻觸鼻觸為緣所生諸受過去香界
乃至鼻觸為緣所生諸受空未來香界鼻觸
界及鼻觸鼻觸為緣所生諸受未來香界乃
至鼻觸為緣所生諸受空現在香界鼻識界
及鼻觸鼻觸為緣所生諸受現在香界乃至
鼻觸為緣所生諸受空所以者何善現空中
過去鼻界不可得何以故過去鼻界即是空空
性亦空空中空尚不可得何况空中有過去
鼻界可得善現空中未來鼻界不可得何以

中現在鼻界不可得何以故現在鼻界即是
空空性亦空空中空尚不可得何況空中有
現在鼻界可得善現空中過去未來現在鼻
界不可得何以故過去未來現在鼻界即是空
空性亦空空中空尚不可得何況空中有過
去未來現在鼻界可得善現空中過去香界
鼻識界及鼻觸鼻觸為緣所生諸受不可得
何以故過去香界乃至鼻觸為緣所生諸受即
是空空性亦空空中空尚不可得何況空中
有過去香界乃至鼻觸為緣所生諸受可得善
現空中未來香界鼻識界及鼻觸鼻觸為
緣所生諸受不可得何以故未來香界乃至
鼻觸為緣所生諸受即是空空性亦空空中
空尚不可得何況空中有未來香界乃至鼻
鼻觸為緣所生諸受可得善現空中現在香

鼻觸為緣所生諸受可得善現空中現在香
界鼻識界及鼻觸鼻觸為緣所生諸受不可
得何况現在香界乃至鼻觸為緣所生諸
受即是空空性亦空空中空尚不可得何况
空中有現在香界乃至鼻觸為緣生諸受所
可得善現空中過去未來現在香界鼻識界
及鼻觸鼻觸為緣所生諸受不可得何以故
過去未來現在香界乃至鼻觸為緣所生諸
受即是空空性亦空空中空尚不可得何况
空中有過去未來現在香界乃至鼻觸為緣
所生諸受可得
善現過去舌界過去舌界空未來舌界未來
舌界空現在舌界現在舌界空過去味界舌
識界及舌觸舌觸為緣所生諸受過去味界乃至

觸為緣所生諸受空現在味界舌識界及舌
觸舌觸為緣所生諸受現在味界乃至舌觸
為緣所生諸受空所以者何善現空中過去舌
舌界不可得何以故過去舌界即是 空空
性亦空空中空尚不可得何況空中有過
去舌界可得善現空中未來舌界不可得
何以故未來舌界即是空空亦空空中空尚
不可得何況空中有未來舌界可得善現空
中現在舌界不可得何以故現在舌界即是
空空性空空中空尚不可得何何況空中有
現在舌界可得善現空中過去未來現在舌
界不可得何以故過去未來現在舌界即是
空空性亦空空中空尚不可得何況空中有
過去未來現在舌界可得善現空中過去
味界舌識界及舌觸舌觸為緣所生諸受不可

過去未来現在舌界可得善現空中過去
味界舌識界及舌觸舌觸爲緣所生諸受不可
得何况過去味界乃至舌觸爲緣所生諸
受即是空空性亦空空中空尚不可得何况
空中有過去味界乃至舌觸爲緣所生諸受
可得善現空中未来未来味界舌識界及舌觸舌觸
爲緣所生諸受不可得何以故未来味界乃
至舌觸爲緣所生諸即受是空空性亦空空
中空尚不可得何况空中有未来味界乃生
舌觸緣所生諸受可得善現空中現在味界
舌識界及舌觸舌觸爲緣所生諸受不可得
何以故現在味界乃至舌觸爲緣所生諸受
即是空空性亦空空中空尚不可得何况空
中有現在味界乃至舌觸爲緣所生諸受可

去未來現在味界乃至舌觸為緣所生諸受
即是空空性亦空空中空尚不可得何况
空中有過去未來現在味界乃至舌觸為
緣所生諸受可得
善現過去身界過身界空未來身界未
來身界空現在身界現在身界空過去觸界
身識界及身觸身觸為緣所生諸受過去觸界
乃至身觸為緣所生諸受空未來觸界身識
界及身觸身觸為緣所生諸受未來觸界乃
至身觸為緣所生諸受空現在觸界身識界
及身觸身觸為緣所生諸受現在觸界乃至
身觸為緣所生諸受空所以者何善現空中
過去身界不可得何以故過去身界即是空
空性亦空空中空尚不可得何况空中有過
去身界可得善現空中未來身界不可得何

去身界可得善現空中未來身界不可得何
以故未來身界即是空空性亦空空中空尚
不可得何况空中有未來身界可得善現空
中現在身界不可得何以故現在身界即是
空空性亦空空中空尚不可得何况空中有
現在身界可得善現空中過去未來現在
身界不可得何以故過去未來現在身界即
是空空性亦空空中空尚不可得何况空中
有過去未來現在身界可得善現空中過去觸
界身識界及身觸身觸為緣所生諸受不可得
何以故過去觸界乃至身觸為緣所生諸受即
是空空性亦空空中空尚不可得何况空
中有過去觸界乃至身觸為緣所生諸受
可得善現空中未來觸界身識界及身觸

空中空尚不可得何况空中有未來觸界乃
至身觸爲緣所生諸受可得善現空中現在
觸界身識界及身觸身觸爲緣所生諸受
不可得何以故現在觸界乃至身觸爲緣所生
諸受即是空空性亦空空中空尚不可得何
况空中有現在觸界乃至身觸爲緣所生諸
受可得善現空中過去未來現在觸界身識
界及身觸身觸爲緣所生諸受不可得何以
故過去未來現在觸界乃至身觸爲緣所生
諸受即是空空性亦空空中空尚不可得何
况空中有過去未來現在觸界乃至身觸爲
緣所生諸受可得

善現過去意界過去意界空未來意界未
來意界空現在意界現在意界空過去法界意
識界及意觸意觸爲緣所生諸受過去法界

識界及意觸意觸為緣所生諸受過去法界
乃至意觸為緣所生諸受空未來法界意識
界及意觸意觸為緣所生諸受未來法界乃
至意觸為緣所生諸受空現在法界意識
界及意觸意觸為緣所生諸受現在法界乃
意觸為緣所生諸受空所以者何善現空中
過去意界不可得何以故過去意界即是空空
性亦空空中空尚不可得何况中有過去
意界可得善現空中未來意界不可得何以
故未來意界即是空空性亦空空中空尚不
可得何况空中有未來意界可得善現空
中現在意界不可得何以故現在意界即是
空空性亦空空中空尚不可得何况空中有
現在意界可得善現空中過去未來現在意

過去未來現在意界可得善現空中過去法
界意識界及意觸意觸為緣所生諸受不可
得何以故過去法界乃至意觸為緣所生諸
受即是空空性亦空空中空尚不可得何况
空中有過去法界乃至意觸為緣所生諸
可得善現空中未來法界意識界及意觸意
觸為緣所生諸受不可得何以故未來法界
乃至意觸為緣所生諸受即是空空性亦空
空中空尚不可得何况空中有未來法界乃至
意觸為緣所生諸受可得善現空中現在法
界意識界及意觸意觸為緣所生諸受不
可得何以故現在法界乃至意觸為緣所生
諸受即是空空性亦空空中空尚不可得何
况空中有現在法界乃至意觸為緣所生諸
受可得善現空中過去未來在法界意識

受可得善現空中過去未来在法界意識
界及意觸意觸為緣所生諸受可得何以故
過去未来現在法界乃至意觸為緣所生諸
受即是空空性亦空空中空尚不可得何
況空中有過去未来現在法界乃至意觸為
緣所生諸受可得
善現過去地界過去地界空未来地界未来
地界空現在地界現在地界空過去水火風
空識界過去水火風空識界空未来水火風
空識界未来水火風空識界空現在水火風
空識界現在水火風空識界空所以者何善
現空中過去地界不可得何以故過去地界即
是空空性亦空空中空尚不可得何況空
中有過去地界可得善現空中未来地界不

善現空中現在地界不可得何以故現在地
界即是空空性亦空空中空尚不可得何況空
中有現在地界可得善現空中過去未來現
在地界不可得何以故過去未來現在地界
即是空空性亦空空中空尚不可得何況
即是空空性亦空空中空尚不可得何況
空中有過去未來現在地界可得善現空
中過去水火風空識界不可得何以故過去
火風空識界即是空空性亦空空中空尚不
可得何況空中有過去水火風空識界可得
善現空中未來水火風空識界不可得何以
故未來水火風空識界即是空空性亦空空
中空尚不可得何況空中有未來水火風空
識界可得善現空中現在水火風識界不
可得何以故現在水火風空識界即是空空

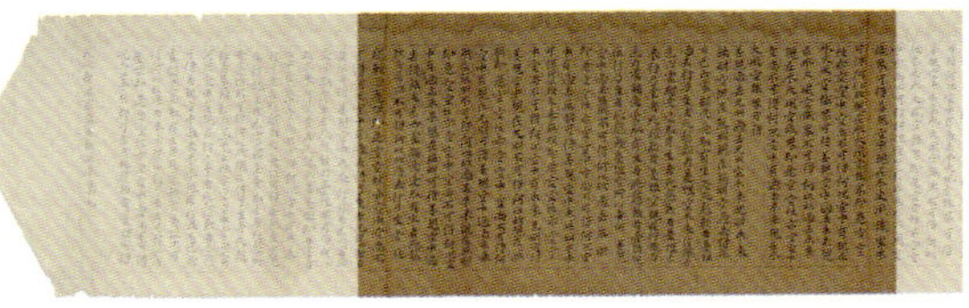

識界可得善現空中現在水火風識界不
可得何以故現在水火風空識界即是空空
性亦空空中空尚不可得何况空中有現在
水火風空識界可得善現空中過去未來現
在水火風空識界不可得何以故過去未來
現在水火風空識界即是空空性亦空空中
空尚不可得何况空中有過去未來現在水
火風空識界可得
善現過去无明過去无明空未來无明未來
無明空現在無明現在無明空過去得識
名色六處觸受愛取有生老死愁歎苦憂惱
過去行乃至老死愁歎苦憂惱空未來行識名
色六處觸受愛取有生老死愁歎苦憂惱未
來行乃至老死愁歎苦憂惱空現在行識名

空中過去無明不可得何以故過去無明
即是空空性亦空空中空尚不可得何況空
中有過去無明可得善現空中未来無明不来
可得何以故未来無明即是空空性亦空空
中空尚不可得何況空中有未来无明可得
善現空中現在无明不可得何以故現在無
明即是空空性亦空空中空尚不可得何
空中有現在无明可得善現空中過去未来
現在無明不可得何以故過去未来現在無明
即是空空性亦空空中空尚不可得何況空
中有過去未来現在無明可得善現空中過
去得行識名色六處觸受愛取有生老死愁
歎苦憂惱不可得何以故過去行乃至老死
愁歎苦憂惱即是空空性亦空空中空尚不
可得何況空中有過去行乃至老死愁歎苦

愁歎苦憂惱即是空空性亦空中空尚不
可得何況空中有過去行乃至老死愁歎苦
憂惱可得善現空中未來行識名色六處觸
受愛取有生老死愁歎苦憂惱不可得何以
故未來行乃至老死愁歎苦憂惱即是空空
性亦空空中空尚不可得何況空中有未來
行乃至老死愁歎苦憂惱可得善現空中現
在行識名六色處觸受愛取生老死愁歎
苦憂惱不可得何以故現在行乃至老死愁
歎苦憂惱即是空空性亦空空中空尚不可
何況空中有現在行乃至老死愁歎苦憂惱
可得善現空中過去未來現在行識名色六
處觸受愛取有生老死愁歎苦憂惱不可
得何以故過去未來現在行乃至老死愁歎苦
憂惱即是空空性亦空空中空尚不可得

大般若波羅蜜多經卷苐五十九

BD01159 妙法蓮華經卷二

（後秦）鳩摩羅什 譯

1012.5cm × 25.7cm

法遇便信
竟夜每自
有法斷諸疑
乃知真是佛子從佛
法分尒時舍利弗欲重
言
得所未曾有　心懷大歡喜　疑網皆已除
昔來蒙佛教　不失於大乘　佛音甚希有　能除衆生惱
我已得漏盡　聞亦除憂惱　我處於山谷　或在林樹下
若坐若經行　常思惟是事　嗚呼深自責　云何而自欺
我等亦佛子　同入无漏法　不能於未來　演說无上道
金色三十二　十力諸解脫　同共一法中　而不得此事
八十種妙好　十八不共法　如是等功德　而我皆已失

欲以問世尊 為失為不失 我常見世尊 稱讚諸菩薩
以是於日夜 籌量如是事 今聞佛音聲 隨宜而說法
无漏難思議 令衆至道場 我本著邪見 為諸梵志師
世尊知我心 拔邪說涅槃 我悉除邪見 於空法得證
尒時心自謂 得至於滅度 而今乃自覺 非是實滅度
若得作佛時 具三十二相 天人夜叉衆 龍神等恭敬
是時乃可謂 永盡滅无餘 佛於大衆中 說我當作佛
聞如是法音 疑悔悉已除 初聞佛所說 心中大驚疑
將非魔作佛 惱乱我心耶 佛以種種緣 譬喻巧言說
其心安如海 我聞疑網斷 佛說過去世 无量滅度佛
安住方便中 亦皆說是法 現在未來佛 其數无有量
亦以諸方便 演說如是法 如今者世尊 從生及出家
得道轉法輪 亦以方便說

如今者世尊　從生及出家　得道轉法輪　亦以方便說
世尊說實道　波旬无此事　以是我定知　非是魔作佛
我墮疑綱故　謂是魔所為　聞佛柔濡音　深遠甚微妙
演暢清淨法　我心大歡喜　疑悔永已盡　安住實智中
我定當作佛　為天人所敬　轉无上法輪　教化諸菩薩
尒時佛告舍利弗吾今於天人沙門婆羅門
等大衆中說我昔曾於二万億佛所為无上
道故常教化汝汝亦長夜隨我受學我以方
便引導汝故生我法中舍利弗我昔教汝志
願佛道汝今悉忘而便自謂已得滅度我今
還欲令汝憶念本願所行道故為諸聲聞說
是大乘經名妙法蓮華教菩薩法佛所護念
舍利弗汝於未來世過无量无邊不可思議

遍知明行足善逝世間解无上士調御丈夫
天人師佛世尊國名離垢其土平正清淨嚴
餝安隱豊樂天人熾盛琉璃為地有八交道
黃金為繩以界其側其傍各有七寶行樹常
有華菓華光如來亦以三乘教化衆生舍利
弗彼佛出時雖非惡世以本願故說三乘法
其刧名大寶莊嚴何故名曰大寶莊嚴其國
中以菩薩為大寶故彼諸菩薩无量无邊不
可思議筭數譬喻所不能及非佛智力无能
知者若欲行時寶華承足此諸菩薩非初發
意皆久殖德本於无量百千万億佛所淨
脩梵行恒為諸佛之所稱嘆常脩佛慧具大神
通善知一切諸法之門質直无偽志念堅固

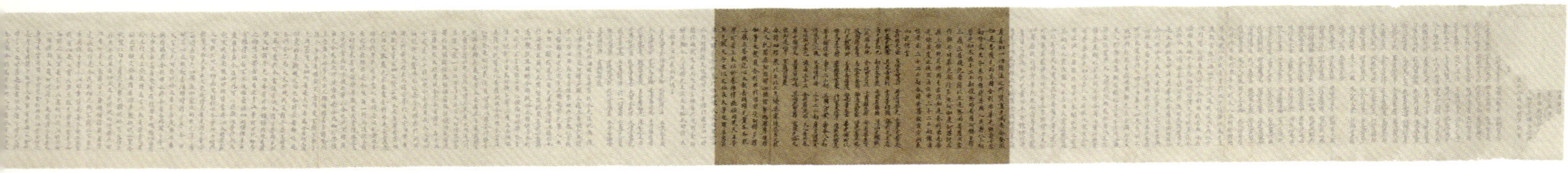

道善知一切諸法之門質直无偽志念堅固
如是菩薩充滿其國舍利弗華光佛壽十二
劫除為王子未作佛時其國人民壽八小劫
華光如來過十二小劫授堅滿菩薩阿耨多羅
三藐三菩提記告諸比丘是堅滿菩薩次當
作佛号曰華足安行多陁阿伽度阿羅訶三
藐三佛陁其佛國土亦復如是舍利弗是華
光佛滅度之後正法住世三十二小劫像法
住世亦三十二小劫尒時世尊欲重宣此義
而說偈言
舍利弗來世　成佛普智尊　号名曰華光　當度无量衆
供養无數佛　具足菩薩行　十力等功德　證於无上道
過无量劫已　劫名大寶嚴　世界名離垢　清淨无瑕穢

扵无數佛所　善學菩薩道　如是等大士　華光佛所化
佛為王子時　棄國捨世榮　扵最末後身　出家成佛道
華光佛住世　壽十二小劫　其國人民衆　壽命八小劫
佛滅度之後　正法住扵世　三十二小劫　廣度諸衆生
正法滅盡已　像法三十二　舍利廣流布　天人普供養
華光佛所為　其事皆如是　其兩足聖尊　最勝无倫匹
彼即是汝身　宜應自欣慶
尒時四部衆比丘比丘尼優婆塞優婆夷天龍
夜叉乾闥婆阿脩羅迦樓羅緊那羅摩睺羅
伽等大衆見舍利弗扵佛前受阿耨多羅
三藐三菩提記心大歡喜踊躍无量各各脫
身所著上衣以供養佛釋提桓因梵天王等
與无數天子亦以天妙衣天曼陁羅華摩訶

與无數天子亦以天妙衣天曼陀羅華摩訶
曼陀羅華等供養於佛所散天衣住虛空中
而自迴轉諸天伎樂百千万種於虛空中一時
俱作雨衆天華而作是言佛昔於波羅柰初
轉法輪今乃復轉无上最大法輪尒時諸天
子欲重宣此義而說偈言
昔於波羅柰　轉四諦法輪　分別說諸法　五衆之生滅
今復轉最妙　无上大法輪　是法甚深奧　少有能信者
我等從昔來　數聞世尊說　未曾聞如是　深妙之上法
世尊說是法　我等皆隨喜　大智舍利弗　今得受尊記
我等亦如是　必當得作佛　於一切世間　最尊无有上
佛道叵思議　方便隨宜說　我所有福業　今世若過世
及見佛功德　盡迴向佛道

千二百心自在者昔住學地佛常教化言我
法能離生老死究竟涅槃是學无學人亦
各自以離我見及有无見等謂得涅槃而今
於世尊前聞所未聞皆墮疑惑善哉世尊願
為四眾說其因緣令離疑悔尒時佛告舍利
弗我先不言諸佛世尊以種種因緣譬喻言
辭方便說法皆為阿耨多羅三藐三菩提耶
是諸所說皆為化菩薩故然舍利弗今當復
以譬喻更明此義諸有智者以譬喻得解舍
利弗若國邑聚落有大長者其年衰邁財富
无量多有田宅及諸僮僕其家廣大唯有一門
多諸人眾一百二百乃至五百人止住其中堂
閣朽故牆壁頹落柱根腐敗梁棟傾危周匝

閣朽故墻壁穨落柱根腐敗梁棟傾危周遍
俱時欻然火起焚燒舍宅長者諸子若十二
十或至三十在此宅中長者見是大火從四
面起即大驚怖而作是念我雖能於此所
燒之門安隱得出而諸子等於火宅內樂著
嬉戲不覺不知不驚不怖火來逼身苦痛切
已心不猒患无求出意舍利弗是長者作是
思惟我身手有力當以衣裓若以机案從舍
出之復更思惟是舍唯有一門而復狹小諸
子幼稚未有所識戀著戲處或當墮落為火
所燒我當為說怖畏之事此舍已燒宜時疾
出无令為火之所燒害作是念已如所思惟
具告諸子汝等速出父雖憐愍善言誘喻而
諸子等樂著嬉戲不肯信受不驚不畏了
无出心亦復不知何者

念此舍已為大火所燒我及諸子若不時出
必為所焚我今當設方便令諸子等得免斯
害父知諸子先心各有所好種種珎玩奇異
之物情必樂著而告之言汝等所可玩好希
有難得汝若不取後必憂悔如此種種羊車
鹿車牛車今在門外可以遊戲汝等於此火
宅宜速出來隨汝所欲皆當與汝尒時諸子聞
父所說珎玩之物適其願故心各勇鋭互相推
排競共馳走爭出火宅是時長者見諸子等安
隱得出皆於四衢道中露地而坐无復障
礙其心泰然歡喜踊躍時諸子等各白
父言父先所許玩好之具羊車鹿車牛車
願時賜與舍利弗尒時長者各賜諸子等一

願時賜與舍利弗尒時長者各賜諸子等一
大車其車高廣衆寳莊挍周帀欄楯四面懸
鈴又於其上張設幰蓋亦以珎竒雜寳而嚴
餝之寳繩交絡垂諸華瓔重敷綩綖安置丹
枕駕以白牛膚色充潔形體姝好有大筋力
行步平正其疾如風又多僕從而侍衛之所
以者何是大長者財冨无量種種諸藏悉皆
充溢而作是念我財物无極不應以下劣小
車與諸子等今此幼童皆是吾子愛無偏黨
我有如是七寳大車其數无量應當等心各
各與之不冝差别所以者何以我此物周給
一國猶尚不匱何况諸子是時諸子各乘大
車得未曾有非本所望舍利弗於汝意云何是
長者等與諸子珎寳大車寧有虛妄不

全其軀命非為虛妄何以故若全身命便為
已得玩好之具况復方便於彼火宅而拔濟
之世尊若是長者乃至不與最小一車猶
不虛妄何以故是長者先作是意我以方便
令子得出以是因緣无虛妄也何况長者自
知財富无量欲饒益諸子等與大車佛告舍
利弗善哉善哉如汝所言舍利弗如來亦復
如是則為一切世間之父於諸怖畏衰惱憂
患无明闇蔽永盡无餘而悉成就无量知見
力无所畏有大神力及智慧力具足方便智
慧波羅蜜大慈大悲常无懈惓恒求善事利
益一切而生三界朽故火宅為度衆生生老
病死憂悲苦惱愚癡闇蔽三毒之火教化令
得阿耨多羅三藐三菩提見諸衆生為生老

病死憂悲苦惱愚癡闇蔽三毒之火教化令
得阿耨多羅三藐三菩提見諸眾生為生老
病死憂悲苦惱之所燒煮亦以五欲財利故
受種種苦又以貪著追求故現受眾苦後
受地獄畜生餓鬼之苦若生天上及在人間貧
窮困苦愛別離苦怨憎會苦如是等種種諸
苦眾生沒在其中歡喜遊戲不覺不知不驚
不怖亦不生厭不求解脫於此三界火宅東
西馳走雖遭大苦不以為患舍利弗佛見此
已便作是念我為眾生之父應拔其苦難與
无量无邊佛智慧樂令其遊戲舍利弗如來
復作是念若我但以神力及智慧力捨於方
便為諸眾生讚如來知見力无所畏者眾生

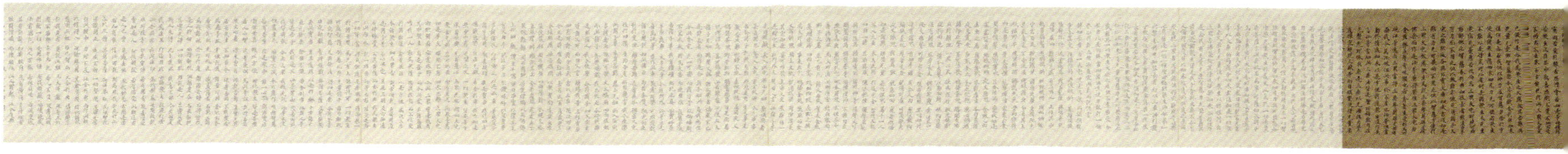

能解佛之智慧舍利弗如彼長者雖復身手
有力而不用之但以慇勤方便免濟諸子火
宅之難然後各與珎寶大車如來亦復如是
雖有力无所畏而不用之但以智慧方便於
三界火宅拔濟衆生為說三乘聲聞辟支佛
佛乘而作是言汝等莫得樂住三界火宅勿
貪麁弊色聲香味觸也若貪著生愛則為所
燒汝等速出三界當得三乘聲聞辟支佛佛
乘我今為汝保任此事終不虛也汝等但當
勤修精進如來以是方便誘進衆生復作是
言汝等當知此三乘法皆是聖所稱歎自在
无繫无所依求乘是三乘以无漏根力覺
道禪定解脫三昧等而自娛樂便得无量安

道禪定解脫三昧等而自娛樂便得无量安
隱快樂舍利弗若有衆生內有智性從佛世尊
聞法信受殷勤精進欲速出三界自求涅槃
是名聲聞乘如彼諸子為求羊車出於火宅
若有衆生從佛世尊聞法信受殷勤精進求
自然慧樂獨善寂深知諸法因緣是名辟支
佛乘如彼諸子為求鹿車出於火宅若有衆
生從佛世尊聞法信受勤脩精進求一切智
佛智自然智無師智如來知見力無所畏愍念
安樂无量衆生利益天人度脫一切是名大
乘菩薩求此乘故名為摩訶薩如彼諸子
為求牛車出於火宅舍利弗如彼長者見諸子
等安隱得出火宅到无畏處自惟財富无量

三界苦怖畏險道得涅槃樂如來尒時便作
是念我有无量无邊智慧力无畏等諸佛
法藏是諸衆生皆是我子等與大乘不令有
人獨得滅度皆以如來滅度而滅度之是諸
衆生脫三界者悉與諸佛禪定解脫等娛樂
之具皆是一相一種聖所稱歎能生淨妙第一
之樂舍利弗如彼長者初以三車誘引諸
子然後但與大車寶物莊嚴安隱第一然彼
長者無虛妄之咎如來亦復如是无有虛妄初
說三乘引導衆生然後但以大乘而度脫之
何以故如來有无量智慧力无所畏諸法之
藏能與一切衆生大乘之法但不盡能受舍
利弗以是因緣當知諸佛方便力故於一佛

利弗以是因緣當知諸佛方便力故於一佛
乘分別說三佛欲重宣此義而說偈言
譬如長者　有一大宅　其宅久故　而復頓弊
堂舍高危　柱根摧朽　梁棟傾斜　基陛隤毀
牆壁圮坼　泥塗褫落　覆苫亂墜　椽梠差脫
周障屈曲　雜穢充遍　有五百人　止住其中
鵄梟鵰鷲　烏鵲鳩鴿　蚖蛇蝮蠍　蜈蚣蚰蜒
守宮百足　狖狸鼷鼠　諸惡蟲輩　交橫馳走
屎尿臭處　不淨流溢　蜣蜋諸蟲　而集其上
狐狼野干　咀嚼踐蹋　嚌齧死屍　骨肉狼藉
由是群狗　競來搏撮　飢羸慞惶　處處求食
鬥諍摣掣　啀喍嘷吠　其舍恐怖　變狀如是
處處皆有　魑魅魍魎　夜叉惡鬼　食噉人肉

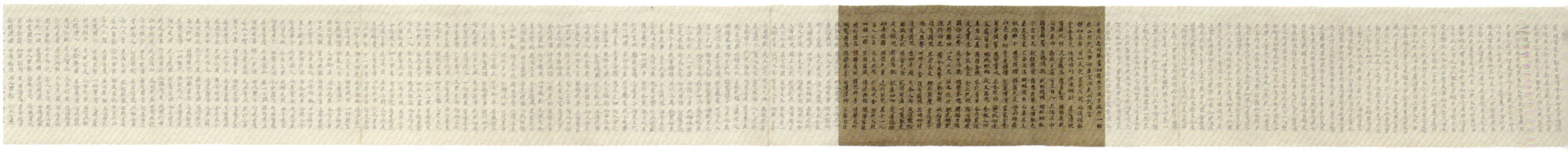

鬪諍之聲　甚可怖畏　鳩槃荼鬼　蹲踞土埵
或時離地　一尺二尺　往返遊行　縱逸嬉戲
捉狗兩足　撲令失聲　以脚加頸　怖狗自樂
復有諸鬼　其身長大　裸形黑瘦　常住其中
發大惡聲　叫呼求食　復有諸鬼　其咽如針
復有諸鬼　首如牛頭　或食人肉　或復噉狗
頭髮蓬亂　殘害兇險　飢渴所逼　叫喚馳走
夜叉餓鬼　諸惡鳥獸　飢急四向　窺看窻牖
如是諸難　恐畏无量　是朽故宅　屬于一人
其人近出　未久之間　於後宅舍　忽然火起
四面一時　其焰俱熾　棟梁椽柱　爆聲震裂
摧折墮落　牆壁崩倒　諸鬼神等　揚聲大叫
鵰鷲諸鳥　鳩槃荼等　周慞惶怖　不能自出

BD01159　妙法蓮華經卷二

摧折墮落　牆壁崩倒　諸鬼神等　揚聲大叫
鵰鷲諸鳥　鳩槃荼等　周章惶怖　不能自出
惡獸毒虫　藏竄孔穴　毗舍闍鬼　亦住其中
薄福德故　爲火所逼　共相殘害　飲血噉肉
野干之屬　並已前死　諸大惡獸　競來食噉
臭烟熢㶿　四面充塞　蜈蚣蚰蜒　毒虵之類
爲火所燒　爭走出穴　鳩槃荼鬼　隨取而食
又諸餓鬼　頭上火然　飢渴熱惱　周章悶走
其宅如是　甚可怖畏　毒害火灾　衆難非一
是時宅主　在門外立　聞有人言　汝諸子等
先因遊戲　來入此宅　稚小无知　歡娛樂着
長者聞已　驚入火宅　方宜救濟　令无燒害
告喻諸子　說衆患難　惡鬼毒虫　灾火蔓莚
衆苦次第　相續不絶　毒虵蚖蝮　及諸夜叉

諸子无知　雖聞父誨　猶故樂著　嬉戲不已
是時長者　而作是念　諸子如此　益我愁惱
今此舍宅　无一可樂　而諸子等　躭湎嬉戲
不受我教　將為火害　即便思惟　設諸方便
告諸子等　我有種種　珍玩之具　妙寶好車
羊車鹿車　大牛之車　今在門外　汝等出來
吾為汝等　造作此車　隨意所樂　可以遊戲
諸子聞說　如此諸車　即時奔競　馳走而出
到於空地　離諸苦難　長者見子　得出火宅
住於四衢　坐師子座　而自慶言　我今快樂
此諸子等　生育甚難　愚小无知　而入險宅
多諸毒虫　魑魅可畏　大火猛焰　四面俱起
而此諸子　貪樂嬉戲　我已救之　令得脫難

而此諸子　貪樂嬉戲　我已救之　令得脫難
是故諸人　我今快樂　尒時諸子　知父安坐
皆詣父所　而白父言　願賜我等　三種寶車
如前所許　諸子出來　當以三車　隨汝所欲
今正是時　唯垂給與　長者大富　庫藏眾多
金銀瑠璃　硨磲碼碯　以眾寶物　造諸大車
裝挍嚴飾　周帀欄楯　四面懸鈴　金繩交絡
真珠羅網　張施其上　金華諸瓔　處處垂下
眾綵雜飾　周帀圍繞　柔耎繒纊　以為裀褥
上妙細氎　價直千億　鮮白淨潔　以覆其上
有大白牛　肥壯多力　形體姝好　以駕寶車
多諸儐從　而侍衛之　以是妙車　等賜諸子
諸子是時　歡喜踴躍　乘是寶車　遊於四方

深著世樂　无有慧心　三界无安　猶如火宅
衆苦充滿　甚可怖畏　常有生老　病死憂患
如是等火　熾然不息　如來已離　三界火宅
寂然閑居　安處林野　今此三界　皆是我有
其中衆生　悉是吾子　而今此處　多諸患難
唯我一人　能為救護　雖復教詔　而不信受
於諸欲染　貪著深故　以是方便　為說三乘
令諸衆生　知三界苦　開示演說　出世間道
是諸子等　若心決定　具足三明　及六神通
有得緣覺　不退菩薩　汝舍利弗　我為衆生
以此譬喻　說一佛乘　汝等若能　信受是語
一切皆當　得成佛道　是乘微妙　清淨第一
於諸世間　為无有上　佛所悅可　一切衆生
所應稱讚　供養礼拜　无量億千　諸力解脫

所應稱讚　供養礼拜　无量億千　諸力解脫
禪定智慧　及佛餘法　得如是乘　令諸子等
日夜劫數　常得遊戲　與諸菩薩　及聲聞衆
乘此寶乘　直至道場　以是因緣　十方諦求
更无餘乘　除佛方便　告舍利弗　汝諸人等
皆是吾子　我則是父　汝等累劫　衆苦所燒
我皆濟拔　令出三界　我雖先說　汝等滅度
但盡生死　而實不滅　今所應作　唯佛智慧
若有菩薩　於是衆中　能一心聽　諸佛實法
諸佛世尊　雖以方便　所化衆生　皆是菩薩
若人小智　深著愛欲　為此等故　說於苦諦
衆生心喜　得未曾有　佛說苦諦　真實无異
若有衆生　不知苦本　深著苦因　不能暫捨
為是等故　方便說道　諸苦所因　貪欲為本

為滅諦故　修行於道　離諸苦縛　名得解脫
是人於何　而得解脫　但離虛妄　名為解脫
其實未得　一切解脫　佛說是人　未實滅度
斯人未得　无上道故　我意不欲　令至滅度
我為法王　於法自在　安隱衆生　故現於世
汝舍利弗　我此法印　為欲利益　世間故說
在所遊方　勿妄宣傳　若有聞者　隨喜頂受
當知是人　阿惟越致　若有信受　此經法者
是人已曾　見過去佛　恭敬供養　亦聞是法
若人有能　信汝所說　則為見我　亦見於汝
及比丘僧　并諸菩薩　斯法華經　為深智說
淺識聞之　迷惑不解　一切聲聞　及辟支佛
於此經中　力所不及　汝舍利弗　尚於此經

BD01159　妙法蓮華經卷二

於此經中　力所不及　汝舍利弗　尚於此經
以信得入　況餘聲聞　其餘聲聞　信佛語故
隨順此經　非己智分　又舍利弗　憍慢懈怠
計我見者　莫說此經　凡夫淺識　深著五欲
聞不能解　亦勿為說　若人不信　毀謗此經
則斷一切　世間佛種　或復顰蹙　而懷疑惑
汝當聽說　此人罪報　若佛在世　若滅度後
其有誹謗　如斯經典　見有讀誦　書持經者
輕賤憎嫉　而懷結恨　此人罪報　汝今復聽
其人命終　入阿鼻獄　具足一劫　劫盡更生
如是展轉　至无數劫　從地獄出　當墮畜生
若狗野干　其形頍瘦　黧黮疥癩　人所觸嬈
又復為人　之所惡賤　常困飢渴　骨肉枯竭
生受楚毒　死被瓦石　斷佛種故　受斯罪報

但念水草　餘无所知　謗斯經故　獲罪如是
有作野干　来入聚落　身體疥癩　又无一目
為諸童子　之所打擲　受諸苦痛　或時致死
於此无已　更受蟒身　其形長大　五百由旬
聾騃无足　宛轉腹行　為諸小虫　之所唼食
晝夜受苦　无有休息　謗斯經故　獲罪如是
若得為人　諸根闇鈍　矬陋攣躄　盲聾背傴
有所言說　人不信受　口氣常臭　鬼魅所著
貧窮下賤　為人所使　多病痟瘦　无所依怙
雖親附人　人不在意　若有所得　尋復忘失
若修醫道　順方治病　更增他疾　或復致死
若自有病　无人救療　設服良藥　而復增劇
若他反逆　抄劫竊盜　如是等罪　橫羅其殃
如斯罪人　永不見佛　眾聖之王　說法教化

若他反逆　抄劫竊盜　如是等罪　橫羅其殃
如斯罪人　永不見佛　衆聖之王　說法教化
如斯罪人　常生難處　狂聾心亂　永不聞法
於无數劫　如恒河沙　生輒聾瘂　諸根不具
常處地獄　如遊園觀　在餘惡道　如己舍宅
駝驢猪狗　是其行處　謗斯經故　獲罪如是
若得為人　聾盲瘖瘂　貧窮諸衰　以自莊嚴
水腫乾痟　疥癩癰疽　如是等病　以為衣服
身常臭處　垢穢不淨　深著我見　增益瞋恚
婬欲熾盛　不擇禽獸　謗斯經故　獲罪如是
告舍利弗　謗斯經者　若說其罪　窮劫不盡
以是因緣　我故語汝　无智人中　莫說此經
若有利根　智慧明了　多聞强識　求佛道者
如是之人　乃可為說　若人曾見　億百千佛
植諸善本　深心堅固　如是之人　乃可為說

若人恭敬　无有異心　離諸凡愚　獨處山澤
如是之人　乃可為說　又舍利弗　若見有人
捨惡知識　親近善友　如是之人　乃可為說
若見佛子　持戒清潔　如淨明珠　求大乘經
如是之人　乃可為說　若人无瞋　質直柔耎
常愍一切　恭敬諸佛　如是之人　乃可為說
復有佛子　於大衆中　以清淨心　種種因緣
譬喻言辭　說法无礙　如是之人　乃可為說
若有比丘　為一切智　四方求法　合掌頂受
但樂受持　大乘經典　乃至不受　餘經一偈
如是之人　乃可為說　如人至心　求佛舍利
如是求經　得已頂受　其人不復　志求餘經
亦未曾念　外道典籍　如是之人　乃可為說

如是求經 得已頂受 其人不復 志求餘經
亦未曾念 外道典籍 如是之人 乃可為說
告舍利弗 我說是相 求佛道者 窮劫不盡
如是等人 則能信解 汝當為說 妙法華經

妙法蓮華經信解品第四

尒時慧命須菩提摩訶迦旃延摩訶迦葉
摩訶目揵連從佛所聞未曾有法世尊授舍利
弗阿耨多羅三藐三菩提記發希有心歡喜
踊躍即從座起整衣服偏袒右肩右膝著地
一心合掌曲躬恭敬瞻仰尊顏而白佛言我
等居僧之首年並朽邁自謂已得涅槃无所
堪任不復進求阿耨多羅三藐三菩提世尊
往昔說法既久我時在座身體疲懈但念空
无相无作於菩薩法遊戲神通淨佛國土成

教化菩薩阿耨多羅三藐三菩提不生一念
好樂之心我等今於佛前聞授聲聞阿耨多
羅三藐三菩提記心甚歡喜得未曾有不謂
於今忽然得聞希有之法深自慶幸獲大善
利无量珎寶不求自得世尊我等今者樂說
譬喻以明斯義譬若有人年既幼稚捨父逃
逝久住他國或十二十至五十歲年既長大
加復窮困馳騁四方以求衣食漸漸遊行遇
向本國其父先來求子不得中止一城其家
大富財寶无量金銀瑠璃珊瑚虎珀頗梨珠
等其諸倉庫悉皆盈溢多有僮僕臣佐吏
民象馬車乘牛羊无數出入息利乃遍他國商
估賈客亦甚衆多時貧窮子遊諸聚落經歷
國邑遂到其父所止之城

BD01159　妙法蓮華經卷二

估賈客亦甚衆多時貧窮子遊諸聚落經曆
國邑遂到其父所止之城父每念子與子離
別五十餘年而未曾向人說如此事但自思
惟心懷悔恨自念老朽多有財物金銀珎寶
倉庫盈溢无有子息一旦終沒財物散失无
所委付是以慇懃每憶其子復作是念我若
得子委付財物坦然快樂无復憂慮世尊尒
時窮子傭賃展轉遇到父舍住立門側遥見
其父踞師子牀寶几承足諸婆羅門刹利居
士皆恭敬圍繞以真珠瓔珞價直千萬莊嚴
其身吏民僮僕手執白拂侍立左右覆以寶
帳垂諸華旛香水灑地散衆名華羅列寶物
出內取與有如是等種種嚴飾威德特尊窮

處不如往至貧里肆力有地衣食易得若久
住此或見逼迫强使我作作是念已疾走而
去時富長者於師子座見子便識心大歡喜
即作是念我財物庫藏今所付我常思念
此子无由見之而忽自來甚適我願我雖年
朽猶故貪惜即遣傍人急追將還尒時使者
疾走往捉窮子驚愕稱怨大喚我不相犯何
為見捉使者執之愈急强牽將還于時窮子
自念无罪而被囚執此必定死轉更惶怖悶
絕躄地父遙見之而語使言不須此人勿强將
來以冷水灑面令得醒悟莫復與語所以者
何父知其子志意下劣自知豪貴為子所難
審知是子而以方便不語他人云是我子使
者語之我今放汝隨意所趣窮子歡喜得未

者語之我令放汝隨意所趣窮子歡喜得未
曾有從地而起往至貧里以求衣食尒時
長者將欲誘引其子而設方便密遣二人形
色顦顇无威德者汝可詣彼徐語窮子此有
作處倍與汝直窮子若許將來使作若言欲
何所作便可語之雇汝除糞我等二人亦共
汝作時二使人即求窮子既已得之具陳上
事尒時窮子先取其價尋與除糞其父見子
愍而怪之又以他日於窓牖中遙見子身羸
瘦顦顇糞土塵坌汙穢不淨即脫瓔珞細耎
上服嚴飾之具更著麤弊垢膩之衣塵土坌
身右手執持除糞之器狀有所畏語諸作人
汝等勤作勿得懈息以方便故得近其子後

亦有老弊使人須者相給好自安意我如汝
父勿復憂慮所以者何我年老大而汝少壯
汝常作時无有欺怠瞋恨怨言都不見汝有
此諸惡如餘作人自今已後如所生子即時
長者更與作字名之為兒尒時窮子雖欣此
遇猶故自謂客作賤人由是之故於二十年
中常令除糞過是已後心相體信入出无難
然其所止猶在本處世尊尒時長者有疾自
知將死不久語窮子言我今多有金銀珎寶
倉庫盈溢其中多少所應取與汝悉知之我
心如是當體此意所以者何今我與汝便為
不異宜加用心无令漏失尒時窮子即受教
勑領知眾物金銀珎寶及諸庫藏而无悕取
一飡之意然其所止故在本處下劣之心亦

有與宜加用心无令漏失爾時窮子即受教
勑領知衆物金銀珎寶及諸庫藏而无希取
一飡之意然其所止故在本處下劣之心亦
未能捨復經少時父知子意漸以通泰成就
大志自鄙先心臨欲終時而命其子并會親
族國王大臣刹利居士皆悉已集即自宣言
諸君當知此是我子我之所生於某城中捨
吾逃走伶俜辛苦五十餘年其本字某我名
某甲昔在本城懷憂推覓忽於此間遇會得
之此實我子我實其父今我所有一切財物
皆是子有先所出内是子所知世尊是時窮
子聞父此言即大歡喜得未曾有而作是念
我本无心有所希求今此寶藏自然而至世
尊大富長者則是如來我等皆似佛子如來
常說我等為子世尊我等以三苦故於生死

令我等思惟蠲除諸法戲論之糞我等於中
勤加精進得至涅槃一日之價既得此已心大
大歡喜自以為足便自謂言於佛法中勤精
進故所得弘多然世尊先知我等心著弊欲
樂於小法便見縱捨不為分別汝等當有如
來知見寶藏之分世尊以方便力說如來智
慧我等從佛得涅槃一日之價以為大得於
此大乘无有志求我等又因如來智慧為諸
菩薩開示演說而自於此无有志願所以者
何佛知我等心樂小法以方便力隨我等說
而我等不知真是佛子今我等方知世尊於
佛智慧无所悋惜所以者何我等昔來真是
佛子而但樂小法若我等有樂大之心佛則

佛子而但樂小法若我等有樂大之心佛則
為我說大乘法於此經中唯說一乘而昔於
菩薩前毀呰聲聞樂小法者然佛實以大乘
教化是故我等說本无心有所悕求今法王
大寶自然而至如佛子所應得者皆已得之
尒時摩訶迦葉欲重宣此義而說偈言
我等今日　聞佛音教　歡喜踊躍　得未曾有
佛說聲聞　當得作佛　无上寶聚　不求自得
譬如童子　幼稚无識　捨父逃逝　遠到他土
周流諸國　五十餘年　其父憂念　四方推求
求之既疲　頓止一城　造立舍宅　五欲自娛
其家巨富　多諸金銀　硨磲碼碯　真珠瑠璃
象馬牛羊　輦轝車乘　田業僮僕　人民衆多

羣臣豪族　皆共宗重　以諸緣故　往来者衆
豪富如是　有大力勢　而年朽邁　益憂念子
夙夜惟念　死時將至　癡子捨我　五十餘年
庫藏諸物　當如之何　尒時窮子　求索衣食
從邑至邑　從國至國　或有所得　或无所得
飢餓羸瘦　體生瘡癬　漸次經歷　到父住城
傭賃展轉　遂至父舍　尒時長者　於其門內
施大寶帳　處師子座　眷屬圍繞　諸人侍衛
或有計筭　金銀寶物　出內財產　注記券疏
窮子見父　豪貴尊嚴　謂是國王　若國王等
驚怖自怪　何故至此　覆自念言　我若久住
或見逼迫　強駈使作　思惟是已　馳走而去
借問貧里　欲往傭作　長者是時　在師子座

借問貧里　欲往傭作　長者是時　在師子座
遥見其子　默而識子　即勑使者　追捉將來
窮子驚喚　迷悶躄地　是人執我　必當見殺
何用衣食　使我至此　長者知子　愚癡狹劣
不信我言　不信是父　即以方便　更遣餘人
眇目矬陋　无威德者　汝可語之　云當相雇
除諸糞穢　倍與汝價　窮子聞之　歡喜隨來
為除糞穢　淨諸房舍　長者於牖　常見其子
念子愚劣　樂為鄙事　於是長者　著弊垢衣
執除糞器　往到子所　方便附近　語令勤作
既益汝價　并塗足油　飲食充足　薦席厚暖
如是苦言　汝當勤作　又以耎語　若如我子
長者有智　漸令入出　經二十年　執作家事

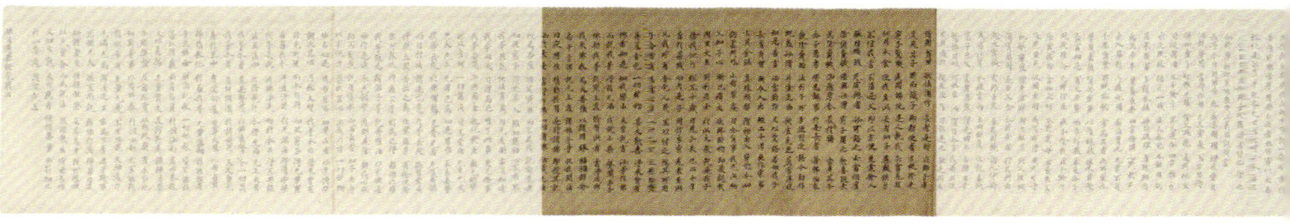

父知子心　漸已曠大　欲與財物　即聚親族
國王大臣　剎利居士　於此大眾　說是我子
捨我他行　經五十歲　自見子來　已二十年
昔於某城　而失是子　周行求索　遂來至此
凡我所有　舍宅人民　悉以付之　恣其所用
子念昔貧　志意下劣　今於父所　大獲珍寶
并及舍宅　一切財物　甚大歡喜　得未曾有
佛亦如是　知我樂小　未曾說言　汝等作佛
而說我等　得諸无漏　成就小乘　聲聞弟子
佛勅我等　說最上道　修習此者　當得成佛
我承佛教　為大菩薩　以諸因緣　種種譬喻
若干言辭　說无上道　諸佛子等　從我聞法
日夜思惟　精勤修習　是時諸佛　即授其記
汝於來世　當得作佛　一切諸佛　祕藏之法

若干言辭 說无上道 諸佛子等 從我聞法
日夜思惟 精勤修習 是時諸佛 即授其記
汝於來世 當得作佛 一切諸佛 秘藏之法
但為菩薩 演其實事 而不為我 說斯真要
如彼窮子 得近其父 雖知諸物 心不希取
我等雖說 佛法寶藏 自无志願 亦復如是
我等內滅 自謂為足 唯了此事 更无餘事
我等若聞 淨佛國土 教化衆生 都无欣樂
所以者何 一切諸法 皆悉空寂 无生无滅
无大无小 无漏无為 如是思惟 不生喜樂
我等長夜 於佛智慧 无貪无著 无復志願
而自於法 謂是究竟 我等長夜 修習空法
得脫三界 苦惱之患 住最後身 有餘涅槃
佛所教化 得道不虛 則為已得 報佛之恩
我等雖為 諸佛子等 說菩薩法 以求佛道

而於是法 永无願樂 導師見捨 觀我心故
初不勸進 說有實利 如富長者 知子志劣
以方便力 柔伏其心 然後乃付 一切財物
佛亦如是 現希有事 知樂小者 以方便力
調伏其心 乃教大智 我等今日 得未曾有
非先所望 而今自得 如彼窮子 得无量寶
世尊我今 得道得果 於无漏法 得清淨眼
我等長夜 持佛淨戒 始於今日 得其果報
法王法中 久修梵行 今得无漏 无上大果
我等今者 真是聲聞 以佛道聲 令一切聞
我等今者 真阿羅漢 於諸世間 天人魔梵
普於其中 應受供養 世尊大恩 以希有事
憐愍教化 利益我等 无量億劫 誰能報者
手足供給 頭頂礼敬 一切供養 皆不能報

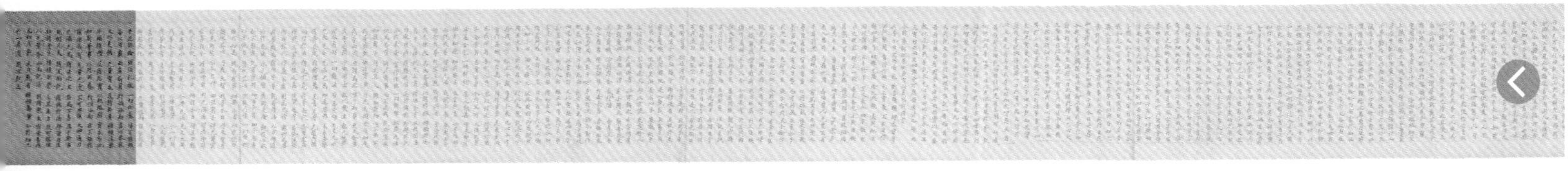

手足供給　頭頂礼敬　一切供養　皆不能報
若以頂戴　兩肩荷負　於恒沙劫　盡心恭敬
又以美饍　无量寶衣　及諸臥具　種種湯藥
牛頭栴檀　及諸珎寶　以起塔廟　寶衣布地
如斯等事　以用供養　於恒沙劫　亦不能報
諸佛希有　无量无邊　不可思議　大神通力
无漏无為　諸法之王　能為下劣　忍于斯事
取相凡夫　隨宜而說　諸佛於法　得最自在
知諸衆生　種種欲樂　及其志力　隨所堪任
以无量喻　而為說法　隨諸衆生　宿世善根
又知成熟　未成熟者　種種籌量　分別知已
於一乘道　隨宜說三

妙法蓮華經卷第二

BD01160　妙法蓮華經卷二

（後秦）鳩摩羅什 譯

87cm × 25cm

妙法蓮華經譬喻品第三
尒時舍利弗踊躍歡喜即起合掌瞻仰尊顔
而白佛言今從世尊聞此法音心懷踊躍得
未曾有所以者何我昔從佛聞如是法見諸
菩薩受記作佛而我等不預斯事甚自感傷
失於如來無量知見世尊我常獨處山林樹
下若坐若行每作是念我等同入法性云何
如來以小乘法而見濟度然是我咎非世尊
也所以者何若我等待說所因成就阿耨多
羅三藐三菩提者必以大乘而得度脫然我
等不解方便隨宜所說初聞佛法遇便信受

身意泰然快得安隱今日乃知真是佛子從
佛口生從法化生得佛法分尒時舍利弗欲
重宣此義而說偈言

我聞是法音　得所未曾有　心懷大歡喜　疑網皆已除
昔來蒙佛教　不失於大乘　佛音甚希有　能除衆生惱
我已得漏盡　聞亦除憂惱　我處於山谷　或在林樹下
若坐若經行　常思惟是事　嗚呼深自責　云何而自欺
我等亦佛子　同入無漏法　不能於未來　演說無上道
金色三十二　十力諸解脫　同共一法中　而不得此事
八十種妙好　十八不共法　如是等功德　而我皆已失
我獨經行時　見佛在大衆　名聞滿十方　廣饒益衆生
自惟失此利　我為自欺誑　我常於日夜　每思惟是事

我獨經行時　見佛在大眾　名聞滿十方　廣饒益眾生
自惟失此利　我為自欺誑　我常於日夜　每思惟是事
欲以問世尊　為失為不失　我常見世尊　稱讚諸菩薩
以是於日夜　籌量如此事　今聞佛音聲　隨宜所說法
無漏難思議　令眾至道場　我本著邪見　為諸梵志師
世尊知我心　拔邪說涅槃　我悉除邪見　於空法得證
尒時心自謂　得至於滅度　而今乃自覺　非是實滅度
若得作佛時　具三十二相　天人夜叉眾　龍神等恭敬
是時乃可謂　永盡滅無餘　佛於大眾中　說我當作佛
聞如是法音　疑悔悉已除　初聞佛所說　心中大驚疑
將非魔作佛　惱亂我心耶　佛以種種緣　譬喻巧言說
其心安如海　我聞疑網斷　佛說過去世　無量滅度佛
安住方便中　亦皆說是法　現在未來佛　其數無有量
亦以諸方便　演說如是法　如今者世尊　從生及出家

以是我定知　非是魔作佛　我墮疑網故　謂是魔所為
聞佛柔軟音　深遠甚微妙　演暢清淨法　我心大歡喜
疑悔永已盡　安住實智中　我定當作佛　為天人所敬
轉無上法輪　教化諸菩薩
尒時佛告舍利弗吾今於天人沙門婆羅門
等大衆中說我昔曾於二万億佛所為無上
道故常教化汝汝亦長夜隨我受學我以方
便引導汝故生我法中舍利弗我昔教汝志

BD01161 四分比丘尼戒本

（後秦）佛陀耶舍 譯

（唐）懷素 集

357cm × 25cm

大姊知時往彼當得衣比丘尼若須衣者當往執
事人所二反三反語言我須衣若二反三反為作憶
念得衣者善若不得衣四反五反六反在前嘿然立
令彼憶念若四反五反六在前嘿然住得衣者善
若不得衣過是求得衣者尼薩耆波逸提
若不得衣隨彼使所來處若自往若遣使往
語言汝先遣使持衣價與某甲比丘尼是比丘尼
竟不得衣汝還取莫使失此是時
若比丘尼自取金銀若錢若教人取若口可受者
尼薩耆波逸提
若比丘尼種種買賣寶物者尼薩耆波逸提
若比丘尼種種販賣者尼薩耆波逸提
若比丘尼鉢減五綴不漏更求新鉢為好故尼薩
[illegible]

此鉢乃至破此是時
若比丘尼自求縷使非親里織師織作衣者
尼薩耆波逸提
若比丘尼居士居士婦使織師為比丘尼織
作衣彼比丘尼先不受自恣請便往到彼所
語織師言此衣為我織極好織令廣長堅緻
齊整好我當少多與汝若比丘尼與價乃至
一食直得衣者尼薩耆波逸提
若比丘尼與比丘尼衣已後嗔恚若自奪若
教人奪取還我衣來不與汝是比丘尼應還
衣彼取衣者尼薩耆波逸提
若比丘尼有諸病畜藥蘇油生蘇蜜石蜜得
食殘宿乃至七日得服若過七日服尼薩耆
波逸提

食殘宿乃至七日得服若過七日服尼薩耆
波逸提
若比丘尼十日未滿夏三月若有急施衣比丘尼
知是急施衣應受受已乃至衣時應畜若
過畜者尼薩耆波逸提
若比丘尼知物向僧自求入己者尼薩耆波逸提
若比丘尼欲索是更索彼者尼薩耆波逸提
若比丘尼知檀越所為僧施異迴作餘用者尼薩
耆波逸提
若比丘尼所為施物異自求為僧迴作餘用者尼
薩耆波逸提
若比丘尼檀越所施物異迴作餘用者尼薩耆波
逸提

者尼薩耆波逸提

若比丘尼畜長鉢者尼薩耆波逸提

若比丘尼多畜好色器者尼薩耆波逸提

若比丘尼許施比丘尼病衣後不與者尼薩耆波逸提

若比丘尼以非時衣受作時衣者尼薩耆波逸提

若比丘尼與比丘尼貿易衣後嗔恚還自奪取若
使人奪妹還我衣來我不與汝汝衣屬汝我
衣還我者尼薩耆波逸提

若比丘尼乞重衣齊價直四張疊過者尼薩耆
波逸提

若比丘尼欲乞輕衣極重價直兩張半氎過
者尼薩耆波逸提

諸大姊是一百七十八波逸提法半月半
月說戒經中來

若比丘尼故妄語者波逸提

若比丘尼故妄語者波逸提
若比丘尼毀呰語者波逸提
若比丘尼兩舌語者波逸提
若比丘尼與男子同室宿者波逸提
若比丘尼共未受大戒女人同一室宿若過
三宿波逸提
若比丘尼與未受具戒人共誦法者波逸提
若比丘尼知他有麁惡罪向未受大戒人說除
僧羯磨波逸提
若比丘尼向未受大戒人說過人法言我知是我
見是實者波逸提
若比丘尼與男子說法過五六語除有知女人
波逸提
若比丘尼自掘地若教人掘波逸提
若比丘尼壞鬼神村者波逸提

若比丘尼取僧繩床若木牀若卧具坐褥露
地自敷若教人敷捨去不自舉不教人舉波逸提
若比丘尼於僧房中取僧卧具自敷若教人敷在
中若坐若卧從彼處捨去不自舉不教人舉
者波逸提
若比丘尼知比丘尼先住處後來於中間敷卧具
止宿念言彼若嫌迮者自當避我去
緣非餘非威儀波逸提
若比丘尼瞋他比丘尼不喜衆僧房中自
牽出若教人牽出者波逸提
若比丘尼若在重閣上脫脚繩牀若木牀若坐若
卧波逸提
若比丘尼知水有虫自用澆泥若草若教人
澆者波逸提
若比丘尼作大房戶扉窓牖及餘莊餝具指

澆者波逸提
若比丘尼作大房户扉窓牖及餘莊飾具指
授覆苫齊二三節若過者波逸提
若比丘尼施一食處無病比丘尼應一食若過
受者波逸提
若比丘尼別衆食除餘時波逸提餘時者病
時作衣時施衣時行道時船上時大會時沙門
施食時此是時
若比丘尼至檀越家殷勤請與餅麨飯比丘尼
欲須者當二三鉢應受持至寺内分與餘比丘
尼食若比丘尼無病過三鉢受持至寺中不分與
餘比丘尼食者波逸提
若比丘尼非時噉食者波逸提
若比丘尼殘宿食噉者波逸提
若比丘尼不受食及藥著中除水楊枝波逸提
若比丘尼先受請已若前食後食行詣餘
[illegible]

若比丘尼食家中有寶強安坐者波逸提
若比丘尼食家中有寶在屏處坐者波逸提
若比丘尼獨與男子露地一處共坐者波逸提
若比丘尼語比丘尼如是語大姊共汝至聚落當
與汝食彼比丘尼竟不教與是比丘尼食如是
言大姊去我與汝一處共坐共語不樂我獨坐
獨語樂以是因緣非餘方便遣去波逸提
若比丘尼請比丘尼四月與藥無病比丘尼應
受若過受除常請更請分請盡形請波逸提
若比丘尼往觀軍陣除時因緣波逸提
若比丘尼有因緣至軍中若二宿三宿過者波
逸提
若比丘尼軍中住若二宿三宿或時觀軍陣鬭
戰若觀遊軍象馬勢力波逸提
若比丘尼飲酒者波逸提

戰若觀遊軍象馬勢力[illegible]

若比丘尼飲酒者波逸提

若比丘尼水中戲者波逸提

若比丘尼以指相擊攊者波逸提

若比丘尼不受諫者波逸提

若比丘尼恐怖他比丘尼者波逸提

若比丘尼半月洗浴無病比丘尼應受若過受除餘時波逸提餘時者熱時病時作時風雨時遠行來時

若比丘尼無病為炙身故露地然火若教人然除餘時波逸提

若比丘尼藏他比丘尼若鉢若衣若坐具針筒自藏教人藏下至戲笑者波逸提

若比丘尼淨施比丘比丘尼式叉摩那沙彌沙彌尼衣後不問主取著者波逸提

若比丘尼得新衣應作三種染壞色青黑木蘭

若比丘尼故斷畜生命者波逸提
若比丘尼知水有蟲飲者波逸提
若比丘尼故惱他比丘尼乃至少時不樂波逸提
若比丘尼知比丘尼有麁惡罪覆藏者波逸提
若比丘尼知諍事如法懺悔已後更發舉者
若比丘尼知是賊伴共期一道行乃至一聚落
波逸提
若比丘尼作如是語我知佛所說法行婬欲非是障
道法彼比丘尼諫此比丘尼言大姊莫作是語莫
謗世尊謗世尊者不善世尊不作是語世尊無
數方便說婬欲是障道法犯婬者是障道法
彼比丘尼諫此比丘尼時堅持不捨彼比丘尼乃至
三諫令捨是事乃至三諫時捨者善不捨者波逸提
若比丘尼知如是語人未作法如是邪見而不捨 若
同一羯磨同一止宿波逸提

同一羯磨同一止宿波逸提
若比丘尼知沙彌尼作如是語我知佛所說法行婬欲
非障道法彼比丘尼諫此沙彌尼言汝莫作是語
莫誹謗世尊誹謗世尊不善世尊不作是語
沙彌尼世尊無數方便說欲是障道法犯婬
欲者是障道法彼比丘尼諫此沙彌尼時堅持不
捨彼比丘尼應乃至三呵諫捨此事故乃至三諫時
若捨者善不捨者彼比丘尼應語是沙彌尼言
汝自今已去非佛弟子不得隨餘比丘尼行如
諸沙彌尼得與比丘尼二三宿汝今無是事汝去
滅去不須此中住若比丘尼知如是被擯沙彌尼
若畜共同止宿者波逸提
若比丘尼如法諫時作如是語我今不學是戒
乃至問有智慧持律者當難問波逸提若為
求解應當難問

若比丘尼說戒時作如是語大姊我今始知是戒半
月半月說戒經中來餘比丘尼知是比丘尼若
二若三說戒中坐何況多彼比丘尼無知無解
若犯罪應如法治更重增無知法大姊汝無利
得不善汝說戒時不用心念不一心兩耳聽法彼無
知故波逸提
若比丘尼共同羯磨已後作如是說諸比丘尼隨親
厚以衆僧物與者波逸提
若比丘尼僧斷事時不與欲而起去者波逸提
若比丘尼與欲竟後更呵者波逸提
若比丘尼比丘尼共鬪諍後聽此語已欲向彼說者
波逸提
若比丘尼嗔恚故不喜打彼比丘尼者波逸提
若比丘尼瞋恚故不喜以手摶比丘尼者波逸提
若比丘尼嗔恚故不喜以無根僧伽婆尸沙法謗者

若比丘尼嗔恚故不喜以無根僧伽婆尸沙法謗者
波逸提
若比丘尼剎利水澆頭王王未出未藏寶若入宮
過門閫者波逸提
若比丘尼若寶及莊飾具自捉若教人捉除僧
伽藍中及寄宿處波逸提若僧伽藍中若寄
宿處若寶若以寶莊飾具自捉若教人捉若
識者當取如是因緣非餘
若比丘尼非時入聚落又不囑比丘尼者波逸提
若比丘尼作繩牀若木牀足應高如來八指除入
梐孔上若截竟過者波逸提
若比丘尼持兜羅綿貯作繩牀木牀若臥具坐
具波逸提
若比丘尼噉蒜者波逸提
若比丘尼剃三處毛者波逸提
若比丘尼以水作淨應齊兩指各一節若過者波

若比丘尼共相拍者波逸提
若比丘尼比丘無病時供給水以扇扇者波逸提
若比丘尼乞生穀者波逸提
若比丘尼在生草上大小便者波逸提
若比丘尼夜便大小便器中晝不看牆外弃者波逸提
若比丘尼往觀看伎樂者波逸提
若比丘尼入村內與男子在屏處共立共語者波逸提
若比丘尼與男子共入屏障處者波逸提
若比丘尼入村內巷陌中遣伴遠去在屏處與男子共立耳語者波逸提
若比丘尼入白衣家內坐不語主人捨去者波逸提
若比丘尼入白衣家內不語主人輒坐床者波逸提
若比丘尼入白衣家內不語主人輒自敷坐宿者

BD01161　四分比丘尼戒本

若比丘尼入白衣家內不語主人輒自敷坐宿者
波逸提
若比丘尼與男子共入闇室中者波逸提
若比丘尼不審諦受師語便向人說者波逸提
若比丘尼有小因緣事便呪詛墮三惡道不生佛
法中若汝有如是事墮三惡道不生佛法中若
汝有如是事亦墮三惡道不生佛法中波逸提
若比丘尼共鬪諍不善憶持諍事推胷啼哭者波
逸提
若比丘尼無病二人共牀臥者波逸提
若比丘尼共一褥同一被臥除時者波逸提
若比丘尼知先住後至知後至先住為惱故
誦經問義教授者波逸提
若比丘尼同活比丘尼病不瞻視者波逸提
若比丘尼安居初聽餘比丘尼在房中安牀

者波逸提

若比丘尼夏安居訖不去者波逸提

若比丘尼邊界有疑恐怖處人間遊行者波逸提

BD01162 無量壽宗要經（甲本）

BD01162v 寺院題名

201.5cm × 32cm

大乘无量壽經

如是我聞一時薄伽梵在舍衛國祇樹給孤獨園與大苾芻僧千二百五十人大菩薩摩訶
薩衆俱同會坐尒時世尊告曼殊室利童子曼殊上方有世界名无量功德聚彼土有佛
号无量智決定王如來阿耨多羅三藐三菩提現為衆生開示說法曼殊諦聽南閻浮提之人
皆短壽大限百年於中夭枉橫死者衆曼殊如是无量壽如來功德名稱法要若有衆生
得聞名号若自書或使人書能為經卷受持讀誦若於舍宅所住之處以種種花鬘瓔
珞塗香末香而為供養如其命盡復得延年滿足百歲如是曼殊若有衆生得聞是
无量壽決定王如來一百八名号者益其長壽若有衆生大命將盡憶念如來名号便得
增壽如是曼殊若有善男子善女人欲求長受於是无量壽如來一百八名号有得聞者
或自書若使人書受持讀誦得如是等果報福德具足陁羅尼曰
南謨薄伽勃底一 阿波唎蜜哆二 阿喻紇硯那三 須毗你悉指陁四 羅佐耶五 怛他羯他耶六
怛姪他唵七 薩婆桑塞迦羅八 波唎輸底九 達磨底十 伽迦那十一 莎訶某特迦底十二
薩婆婆毗輸底十三 摩訶娜耶十四 波唎婆唎莎訶十五
世尊復告曼殊室利如是如來一百八名号若有自書或使人書為經卷受持讀誦如壽命盡復
滿百年壽終此身後得往生无量福智世界无量壽淨土陁羅尼曰

薩婆婆毗輸底十三 摩訶娜耶十四 波唎婆唎莎訶十五 尒特有九十九姟佛等一時同聲
說是无量壽宗要經陁羅尼曰 南謨薄伽勃底一 阿波唎蜜哆二 阿喻紇硯娜三 須毗你悲指陁四
羅佐耶五 怛他羯他耶六 怛姪他唵七 薩婆桒悲迦羅八 波唎輸底九 達磨底十 伽迦娜十一 莎訶
某持迦底十二 薩婆婆毗輸底十三 摩訶娜耶十四 波唎婆唎莎訶五十
尒時復有一百四姟佛一時同聲說是无量壽宗要經陁羅尼曰 南謨伽薄勃底一 阿波唎蜜哆
阿喻紇硯娜三 須毗你悲指陁四 羅佐耶五 怛他羯他耶六 怛姪他唵七 薩婆桒悲迦羅八 波唎輸底九
達磨底十 伽迦娜十一 莎訶某持迦底十二 薩婆婆毗輸底十三 摩訶娜耶十四 波唎婆唎莎訶十五
尒時復有七姟佛一時同聲說是无量壽宗要經陁羅尼曰
南謨薄伽勃底一 阿波唎蜜哆二 阿喻紇硯娜三 須毗你悲指陁四 羅佐耶五 怛他羯他耶六
怛姪他唵七 薩婆桒悲迦羅八 波唎輸底九 達磨底十 伽迦娜十一 莎訶某持迦底十二
薩婆婆毗輸底十三 摩訶娜耶十四 波唎婆唎莎訶十五
尒時復有六姟佛一時同聲說是无量壽宗要經陁羅尼曰
南謨薄伽勃底一 阿波唎蜜哆二 阿喻紇硯娜三 須毗你悲指陁四 羅佐耶五 怛他羯他耶六
怛姪他唵七 薩婆桒悲迦羅八 波唎輸底九 達磨底十 伽迦娜十一 莎訶某持迦底十二
薩婆婆毗輸底十三 摩訶娜耶十四 波唎婆唎莎訶十五
尒時復有五十五姟佛一時同聲說是无量壽宗要經陁羅尼曰

BD01162　無量壽宗要經（甲本）

尒時復有五十五殑佛一時聲說是无量壽宗要經陁羅尼曰
南謨薄伽勃底一阿波唎蜜多二阿喻紇硯那三須毗你志指陁四羅佐耶五怛他羯他耶六
怛姪他唵七薩婆桑悉迦羅八波唎輸底九達摩底十伽迦娜十一莎訶某持迦底十二
薩婆婆毗輸底十三摩訶娜耶十四波唎婆唎莎訶十五
尒時復有四十五殑佛一時同聲說是无量壽宗要經陁羅尼曰
南謨薄伽勃底一阿波唎蜜多二阿喻紇硯娜三須毗你志指陁四羅佐娜五怛他羯他耶六
怛姪他唵七薩婆桑悉迦羅八波唎輸底九達磨底十伽迦娜十一莎訶某持迦底十二
薩婆婆毗輸底十三摩訶娜耶十四波唎婆唎莎訶十五
尒時復有三十六殑佛一時同聲說是无量壽宗要經陁羅尼曰
南謨薄伽勃底一阿波唎蜜多二阿喻紇硯娜三須毗你志指陁四羅佐耶五怛他羯他耶六
怛姪他唵七薩婆桑悉迦羅八波唎輸底九達磨底十伽迦娜十一莎訶某持迦底十二
薩婆婆毗輸底十三摩訶娜耶十四波唎婆唎莎訶十五
尒時復有二十五殑佛一時同聲說是无量壽宗要經陁羅尼曰
南謨薄伽勃底一阿波唎蜜多二阿喻紇硯娜三須毗你志指陁四羅佐耶五怛他羯他耶六
怛姪他唵七薩婆桑悉迦羅八波唎輸底九達磨底十伽迦娜十一莎訶某持迦底十二
尒時復有恒河沙殑佛一時同聲說是无量壽要經陁羅尼曰

怛姪他唵七 薩婆桑悉迦羅八 波唎[illegible]

薩婆婆毗輸底十三 摩訶娜耶十四 波唎婆唎莎訶十五 善男子若有自書寫教人書寫是无

量壽宗要經如其命盡復得長受而滿年陁羅尼曰 南謨薄伽勃底一 阿波唎蜜哆二 阿喻紇硯娜三

須毗你悉指陁四 羅佐耶五 怛他羯他耶六 怛姪他唵七 薩婆桑悉迦羅八 波唎輸底九 達磨底十 伽迦娜十一

莎訶棊持迦底十二 薩婆婆毗輸底十三 摩訶娜耶十四 波唎婆唎莎訶十五

若有自書寫教人書寫是无量壽宗要經讀誦受持畢竟不墮地獄在在所生得宿命智陁羅尼曰

南謨薄伽勃底一 阿波唎蜜哆二 阿喻紇硯娜三 須毗你悉指陁四 羅佐耶五 怛他羯他耶六

怛姪他唵七 薩婆桑悉迦羅八 波唎輸底九 達磨底十 伽迦娜十一 莎訶棊持迦底十二

薩婆婆毗輸底十三 摩訶娜耶十四 波唎婆唎莎訶十五

若有自書寫教人書寫是无量壽宗要經受持讀誦如同書寫八万四千部一切經典陁羅尼曰

南謨薄伽勃底一 阿波唎蜜哆二 阿喻紇硯娜三 須毗你悉指陁四 羅佐耶五 怛他羯他耶六

怛姪他唵七 薩婆桑悉迦羅八 波唎輸底九 達磨底十 伽迦娜十一 莎訶棊持迦底十二

薩婆婆毗輸底十三 摩訶娜耶十四 波唎婆唎莎訶十五

若有自書寫教人書寫是无量壽宗要經即是書寫八万四千部建立塔廟陁羅尼曰

南謨薄伽勃底一 阿波唎蜜哆二 阿喻紇硯娜三 須毗你悉指陁四 羅佐耶 怛他羯他耶六

怛姪他唵七 薩婆桑悉迦羅八 波唎輸底九 達磨底十 伽迦娜十一 莎訶棊持迦底十二

薩婆婆毗輸底十三 摩訶娜耶十四 波唎婆唎莎訶十五

怛姪他唵七 薩婆桑悉迦囉八 波唎輸底九 達磨底十 伽迦娜十一 莎訶綦持迦底十二
薩婆婆毗輸底十三 摩訶娜耶十四 波唎婆唎莎訶十五
若有自書寫教人書寫是无量壽宗要經能消五无間等一切重罪陀羅尼曰
南謨薄伽勃底一 阿波唎蜜多二 阿喻紇硯那三 須毗你悉指陀四 囉佐耶五 怛他羯他耶六
怛姪他唵七 薩婆桑悉迦囉八 波唎輸底九 達磨底十 伽迦娜十一 莎訶綦持迦底十二
薩婆婆毗輸底十三 摩訶娜耶十四 波唎婆唎莎訶十五
若有自書寫教人書寫是无量壽宗要經受持讀誦設有重罪猶如須弥盡能除滅陀羅尼曰
南謨薄伽勃底一 阿波唎蜜多二 阿喻紇硯那三 須毗你悉指陀四 囉佐耶五 怛他羯他耶六
怛姪他唵七 薩婆桑悉迦囉八 波唎輸底九 達磨底十 伽迦娜十一 莎訶綦持迦底十二
薩婆婆毗輸底十三 摩訶娜耶十四 波唎婆唎莎訶十五 若有自書寫教人書寫是无量壽宗
要經受持讀誦若魔魔之眷屬夜叉羅剎不得其便終无枉死陀羅尼曰
南謨薄伽勃底一 阿波唎蜜多二 阿喻紇硯那三 須毗你悉指陀四 囉佐耶五 怛他羯他耶六
怛姪他唵七 薩婆桑悉迦囉八 波唎輸底九 達磨底十 伽迦娜十一 莎訶綦持迦底十二
薩婆婆毗輸底十三 摩訶娜耶十四 波唎婆唎莎訶十五
若有自書寫教人書寫是无量壽宗要經受持讀誦當命終時有九十九殑佛現其人前
象千佛授手能遊一切佛剎莫於此經生於疑惑陀羅尼曰

若有書寫教人書寫是无量壽經受持讀誦常得四天大王隨其衛護陀羅尼曰
南謨薄伽勃底一　阿波唎蜜哆二　阿喻紇硯娜三　須毗你悉指陀四　囉佐耶五　怛他羯他耶六
怛姪他唵七　薩婆桑悉迦羅八　波唎輸底九　達磨底十　伽迦娜十一　莎訶菓持迦底十二
薩婆婆毗輸底十三　摩訶娜耶十四　波唎婆唎莎訶十五
若有自書寫教人書寫是无量壽宗要經受持讀誦當往生西方極樂世界阿弥陀
淨土陀羅尼曰
南謨薄伽勃底一　阿波唎蜜哆二　阿喻紇硯娜三　須毗你悉指陀四　囉佐耶五　怛他羯他耶六
怛姪他唵七　薩婆桑悉迦羅八　波唎輸底九　達磨底十　伽迦娜十一　莎訶菓持迦底十二
薩婆婆毗輸底十三　摩訶娜耶十四　波唎婆唎莎訶十五
若有方所自書寫使人書寫是无量壽經典之處則爲是塔皆應恭敬作礼若是畜生
或爲鳥獸得聞是經如是等類皆當不久得成一切種智陀羅尼曰
南謨薄伽勃底一　阿波唎蜜哆二　阿喻紇硯娜三　須毗你悉指陀四　囉佐耶五　怛他羯他耶六
怛姪他唵七　薩婆桑悉迦羅八　波唎輸底九　達磨底十　伽迦娜十一　莎訶菓持迦底十二
薩婆婆毗輸底十三　摩訶娜耶十四　波唎婆唎莎訶十五
若有於是无量壽經自書寫若使人書寫畢竟不受女人之身陀羅尼曰
南謨薄伽勃底一　阿波唎蜜哆二　阿喻紇硯娜三　須毗你悉指陀四　囉佐耶五　怛他羯他耶六

南謨薄伽勒底一 阿波唎蜜哆二 阿喻紇硯娜三 須毗你悉指陁四 羅佐耶五 怛他羯他耶六
怛姪他唵七 薩婆桑悉迦羅八 波唎輸底九 達磨底十 伽迦娜十一 莎訶莫持迦底十二
薩婆婆毗輸底十三 摩訶娜耶十四 波唎婆唎莎訶十五
若有能於是經少分惠施者等於三千大千世界滿中七寶布施陁羅尼日
南謨薄伽勒底一 阿波唎蜜哆二 阿喻紇硯娜三 須毗你悉指陁四 羅佐耶五 怛他羯他耶六
怛姪他唵七 薩婆桑悉迦羅八 波唎輸底九 達磨底十 伽迦娜十一 莎訶莫持迦底十二
薩婆婆毗輸底十三 摩訶娜耶十四 波唎婆唎莎訶十五
若有供養是經者則是供養一切諸經等无有別異陁羅尼日
南謨薄伽勒底一 阿波唎蜜哆二 阿喻紇硯娜三 須毗你悉指陁四 羅佐耶五 怛他羯他耶六
怛姪他唵七 薩婆桑悉迦羅八 波唎輸底九 達磨底十 伽迦娜十一 莎訶莫持迦底十二
薩婆婆毗輸底十三 摩訶娜耶十四 波唎婆唎莎訶十五
如是毗婆尸佛 尸弃佛 毗舍浮佛 俱留孫佛 俱那含牟尼佛 迦葉佛 釋迦牟尼佛
若有人以七寶供養如是七佛其福有限書寫受持是无量壽經所有功德不可限量陁羅尼日
南謨薄伽勒底一 阿波唎蜜哆二 阿喻紇硯娜三 須毗你悉指陁四 羅佐耶五 怛他羯他耶六
怛姪他唵七 薩婆桑悉迦羅八 波唎輸底九 達磨底十 伽迦娜十一 莎訶莫持迦底十二
薩婆婆毗輸底十三 摩訶娜耶十四 波唎婆唎莎訶十五
若有七寶等於須弥以用布施其福上能知其限量是无量壽經典其福不可知數陁羅尼日

薩婆婆毗輸底十三　摩訶娜耶十四　波唎婆唎莎訶十五
如是四大海水可知滴數是无量壽經典可生果報不可數量陀羅尼曰
南謨薄伽勃底一　阿波唎蜜哆二　阿喻紇硯娜三　須毗你悉指陀四　羅佐耶五　怛他羯他耶六
怛姪他唵七　薩婆桑悉迦羅八　波唎輸底九　達磨底十　伽迦娜十一　莎訶綦持迦底十二
薩婆婆毗輸底十三　摩訶娜耶十四　波唎婆唎莎訶十五
若有人自書寫使人書寫是无量壽經典又能讃持供養即如恭敬供養一切十方佛土如來无
有別異陀羅尼曰
南謨薄伽勃底一　阿波唎蜜哆二　阿喻紇硯娜三　須毗你悉指陀四　羅佐耶五　怛他羯他耶六
怛姪他唵七　薩婆桑悉迦羅八　波唎輸底九　達磨底十　伽迦娜十一　莎訶綦持迦底十二
薩婆婆毗輸底十三　摩訶娜耶十四　波唎婆唎莎訶十五
布施力能成正覺　悟布施力人師子　布施力能聲普聞　慈悲階漸家能入
持戒力能成正覺　悟持戒力人師子　持戒力能聲普聞　慈悲階漸家能入
忍辱力能成正覺　悟忍辱力人師子　忍辱力能聲普聞　慈悲階漸家能入
精進力能成正覺　悟精進力人師子　精進力能聲普聞　慈悲階漸家能入
禪定力能成正覺　悟禪定力人師子　禪定力能聲普聞　慈悲階漸家能入
智慧力能成正覺　悟智慧力人師子　智慧力能聲普聞　慈悲階漸家能入

禪定力能成正覺　悟禪定力人師子　禪定力能聲普聞　慈悲背漸家能入
智慧力能成正覺　悟智慧力人師子　智慧力能聲普聞　慈悲背漸家能入
尒時如來說是經已一切世間天人阿脩羅揵闥婆等聞佛所說皆大歡喜信
受奉行

佛說无量壽宗要經

BD01162v　寺院題名

BD01163 大般若波羅蜜多經卷三二四

（唐）玄奘 譯

BD01163v 勘記

790cm × 26.1cm

至般若波羅蜜多有法於
有退屈不舍利子言不也善
云何布施波羅蜜多真如於
有退屈不舍利子言不也善
云何淨戒乃至般若波羅蜜多真如於
正等菩提有退屈不舍利子言不也善
利子於意云何離布施波羅蜜多真如於
於無上正等菩提有退屈不舍利子言
善現舍利子於意云何離淨戒乃至
羅蜜多真如有法於無上正等
不舍利子言不也善現
舍利子於意云何內空於無上正等
退屈不舍利子言不也善現舍利子於意云何

為空畢竟空無際空散空無變異空本性空
自相空共相空一切法空不可得空無性空
自性空無性自性空於無上正等菩提有退
屈不舍利子言不也善現舍利子於意云何
離內空有法於無上正等菩提有退屈不舍
利子言不也善現舍利子於意云何離外
空乃至無性自性空有法於無上正等菩提
有退屈不舍利子言不也善現舍利子於意
云何內空真如於無上正等菩提有退屈不
舍利子言不也善現舍利子於意云何外空
乃至無性自性空真如無上正等菩提有退
屈不舍利子言不也善現舍利子於意云何
離內空真如有法於無上正等菩提有退屈
不舍利子言不也善現舍利子於意云何離
外空乃至無性自性空真如有法於無上

以空乃至無性自性空真如有法於無上
正等菩提有退屈不舍利子言不也善現舍
利子於意云何真如於無上正等菩提有
退屈不舍利子言不也善現舍利子於意
云何法界法性不虛妄性不變異性平等性
離生性法定法住實際虛空界不思議界
於無上正等菩提有退屈不舍利子言不也
善現舍利子於意云何離真如有法於無上
正等菩提有退屈不舍利子言不也善現
舍利子於意云何離法界乃至不思議界
有法於無上正等菩提有退屈不舍利子言
不也善現舍利子於意云何真如真如於無
上正等菩提有退屈不舍利子言不也善現舍
利子於意云何法界乃至不思議界真如

無上正等菩提有退屈不舍利子言不也善
現舍利子於意云何離法界乃至不思議界
真如有法於無上正等菩提有退屈不舍利
子言不也善現
舍利子於意云何四念住於無上正等菩提
有退屈不舍利子言不也善現舍利子於
意云何四正斷四神足五根五力七等覺支
八聖道支於無上正等菩提有退屈不舍利
子言不也善現舍利子於意云何離四念住
有法於無上正等菩提有退屈不舍利子
言不也善現舍利子於意云何離四正斷乃至
八聖道支有法於無上正等菩提有退屈
不舍利子言不也善現舍利子於意云何四
念住真如於無上正等菩提有退屈不舍利

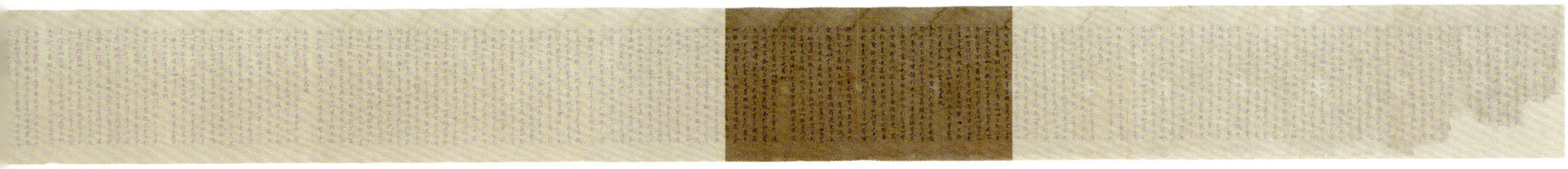

念住真如於無上正等菩提有退屈不舍利
子言不也善現舍利子於意云何四正斷乃至
八聖道支真如於無上正等菩提有退屈不
舍利子言不也善現舍利子於意云何離四念住
真如有法於無上正等菩提有退屈不舍利
子言不也善現舍利子於意云何離四正斷
乃至八聖道支真如有法於無上正等菩提
有退屈不舍利子言不也善現
舍利子於意云何苦聖諦於無上正等菩提
有退屈不舍利子言不也善現舍利子於意
云何集滅道聖諦於無上正等菩提有退屈
不舍利子言不也善現舍利子於意云何離
苦聖諦有法於無上正等菩提有退不
舍利子言不也善現舍利子於意云何離集

諦真如於無上正等菩提有退屈不舍利
子言不也善現舍利子於意云何集滅道
聖諦真如於無上正等菩提有退屈不舍
利子言不也善現舍利子於意云何離苦聖諦
真如有法於無上正等菩提有退屈不舍利
子言不也善現舍利子於意云何離集滅道
聖諦真如有法於無上正等菩提有退屈不
舍利子言不也善現
舍利子於意云何四靜慮於無上正等菩提
有退屈不舍利子言不也善現舍利子於意
云何四無量四無色定於無上正等菩提有
退屈不舍利子言不也善現舍利子於意云
何離四靜慮有法於無上正等菩提有退屈
不舍利子言不也善現舍利子於意云何

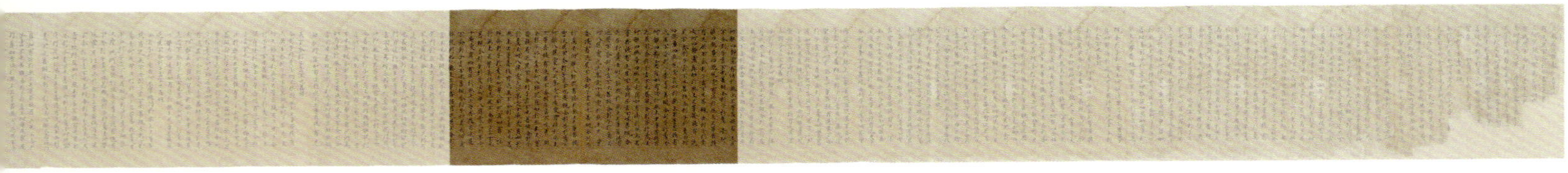

何離四靜慮有法於無上正等菩提有退屈
不舍利子言不也善現舍利子於意云何
離四無量四無色定有法於無上正等菩提
有退屈不舍利子言不也善現舍利子於意
云何四靜慮真如於無上正等菩提有退
屈不舍利子言不也善現舍利子於意云何
四無量四無色定真如於無上正等菩提有
退屈不舍利子言不也善現舍利子於意云
何離四靜慮真如有法於無上正等菩提有
退屈不舍利子言不也善現舍利子於意云
何離四無量四無色定真如有法於無上正
等菩提有退屈不舍利子言不也善現舍
利子於意云何八解脫於無上正等菩提有
退屈不舍利子言不也善現舍利子於意云

菩提有退屈不舍利子言不也善現舍利子於
於意云何離八解脫有法於無上正等菩提
有退屈不舍利子言不也善現舍利子於意云
何離八勝處九次第定十遍處有法於無上
正等菩提有退屈不舍利子言不也善現
舍利子於意云何八解脫真如於無上正等
菩提有退屈不舍利子言不也善現舍利子
於意云何八勝處九次第定十遍處真如於
無上正等菩提有退屈不舍利子言不也善
現舍利子於意云何離八解脫真如有法
於無上正等菩提有退屈不舍利子言不也
善現舍利子於意云何離八勝處九次第定
十遍處真如有法於無上正等菩提有退屈
不舍利子言不也善現舍利子於意云何空
解脫門於無上正等菩提有退屈不舍利子

不舍利子言不也善現舍利子於意云何空
解脫門於無上正等菩提有退屈不舍利子
言不也善現舍利子於意云何無相無願解
脫門於無上正等菩提有退屈不舍利子言
不也善現舍利子於意云何離空解脫門有
法於無上正等菩提有退屈不舍利子言不
也善現舍利子於意云何離無相無願解脫
門有法於無上正等菩提有退屈不舍利子
言不也善現舍利子於意云何空解脫門真
如於無上正等菩提有退屈不舍利子言不
也善現舍利子於意云何無相無願解脫門
真如於無上正等菩提有退屈不舍利子言
不也善現舍利子於意云何離空解脫門真
如有法於無上正等菩提有退屈不舍利子
言不也善現舍利子於意云何離無相無願

屈不舍利子言不也善現
舍利子於意云何五眼於無上正等菩提有
退屈不舍利子言不也善現舍利子於意云
何六神通於無上正等菩提有退屈不舍
利子言不也善現舍利子於意云何離五
眼有法於無上正等菩提有退屈不舍利
子言不也善現舍利子於意云何離六神通有
法於無上正等菩提有退不舍利子言不也
善現舍利子於意云何五眼真如於無上正
等菩提有退屈不舍利子言不也善現舍利
子於意云何六神通真如於無上正等菩提
有退屈不舍利子言不也善現舍利子於意
云何離五眼真如有法於無上正等菩提有
退屈不舍利子言不也善現舍利子於意云

退屈不舍利子言不也善現舍利子於意云
何離六神通真如有法於無上正等菩提有
退屈不舍利子言不也善現
舍利子於意云何三摩地門於無上正等菩
提有退屈不舍利子言不也善現舍利子於
意云何陀羅尼門於無上正等菩提有退屈
不舍利子言不也善現舍利子於意云何離
三摩地門有法於無上正等菩提有退屈
不舍利子言不也善現舍利子於意云何離
陀羅尼門有法於無上正等菩提有退屈
不舍利子言不也善現舍利子於意云何三
摩地門真如於無上正等菩提有退屈不
舍利子言不也善現舍利子於意云何陀羅
尼門真如於無上正等菩提有退屈不舍利子
言不也善現舍利子於意云何離三摩地門

真如有法於無上正等菩提有退屈不舍利
子言不也善現舍利子於意云何離陁羅尼
門真如有法於無上正等菩提有退屈不舍
利子言不也善現
舍利子於意云何佛十力於無上正等菩提
有退屈不舍利子言不也善現舍利子於意
云何四無所畏四無礙解大慈大悲大喜
捨十八佛不共法於無上正等菩提有退屈
不舍利子言不也善現舍利子於意云何離
佛十力有法於無上正等菩提有退屈不
舍利子言不也善現舍利子於意云何離四
無所畏乃至十八佛不共法有法於無上正
等菩提有退屈不舍利子言不也善現舍利
子於意云何佛十力真如於無上正等菩提
有退屈不舍利子言不也善現舍利子於意

子於意云何佛十力真如於無上正等菩提
有退屈不舍利子言不也善現舍利子於意
云何四無所畏乃至十八佛不共法真如於無
上正等菩提有退屈不舍利子言不也善
現舍利子於意云何離佛十力真如有法
於無上正等菩提有退屈不舍利子言不也
善現舍利子於意云何離四無所畏乃至十
八佛不共法真如有法於無上正等菩提
有退屈不舍利子言不也善現
舍利子於意云何預流果於無上正等菩提
有退屈不舍利子言不也善現舍利子於意
云何一來不還阿羅漢果於無上正等菩
提有退屈不舍利子言不也善現舍利子於
意云何離預流果有法於無上正等菩提有
退屈不舍利子言不也善現舍利子於意云

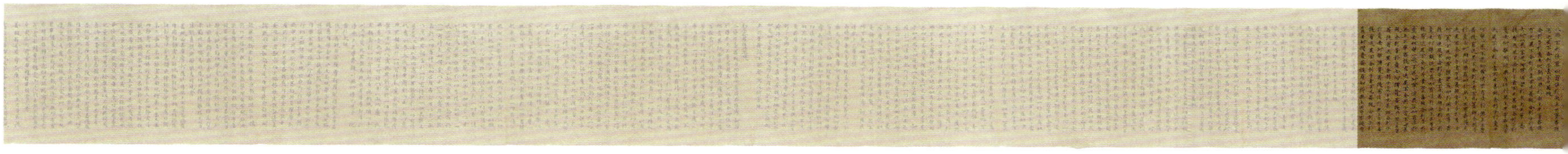

何離一來不還阿羅漢果有法於無上正等
菩提有退屈不舍利子言不也善現舍利子
於意云何預流果真如於無上正等菩提有
退屈不舍利子言不也善現舍利子於意云
何一來不還阿羅漢果真如於無上正等菩
提有退屈不舍利子言不也善現舍利子於
意云何離預流果真如有法於無上正等菩
提有退屈不舍利子言不也善現舍利子於
意云何離一來不還阿羅漢果真如有法於
無上正等菩提有退屈不舍利子言不也善
現舍利子於意云何獨覺菩提於無上正等
菩提有退屈不舍利子言不也善現舍利子
於意云何離獨覺菩提有法於無上正等菩
提有退屈不舍利子言不也善現舍利子於
意云何獨覺菩提真如於無上正等菩提有

BD01163　大般若波羅蜜多經卷三二四

提有退屈不舍利子言不也善現舍利子於
意云何獨覺菩提真如於無上正等菩提有
退屈不舍利子言不也善現舍利子於意云
何離獨覺菩提真如有法於無上正等菩提
有退屈不舍利子言不也善現
舍利子於意云何一切智於無上正等菩提
有退屈不舍利子言不也善現舍利子於意
云何道相智一切相智於無上正等提有
退屈不舍利子言不也善現舍利子於意云
何離一切智有法於無上正等菩提有退
屈不舍利子言不也善現舍利子於意云
何離道相智一切相智有法於無上正等菩
提有退屈不舍利子言不也善現舍利子於
意云何一切智真如於無上正等菩提有退
屈不舍利子言不也善現舍利子於意云何

道相智一切相智[illegible]
屈不舍利子言不也善現舍利子於意云何
離一切智真如有法於無上正等菩提有退屈
不舍利子言不也善現舍利子於意云何離
道相智一切相智真如有法於無上正等菩
提有退屈不舍利子言不也善現
尒時具壽善現語舍利子言若一切法諦故
住故都無所有皆不可得說何等法可於無
上正等菩提而有退屈時舍利子語善現言
如仁者所說無生法忍中都無有法亦無菩
薩可於無上正等菩提說有退屈若尒　何
故佛說三種住菩薩乘補特伽羅但應說一
又如仁說應無三乘菩薩差別但應有一正
等覺乘時具壽滿慈子語舍利子言應問善
現為許有一菩薩乘不然後可難應無三乘

等覺乘時具壽滿慈子語舍利子言應問善
現為許有一菩薩乘不然後可難應無三乘
建立差別但應有一正等覺乘時舍利子問
善現言為許有一菩薩乘不尒時善現語舍
利子言舍利子於意云何一切法真如中為
有三種住菩薩乘補特伽羅差別相不謂於
無上正等菩提定有退屈定無退屈及不定
邪舍利子言不也善現舍利子於意云何一
切法真如中為有三乘菩薩異不謂聲聞乘
菩薩獨覺乘菩薩正等覺乘菩薩邪舍利子
言不也善現舍利子於意云何一切法真如
中為實有一定無退屈菩薩乘不舍利子言
不也善現舍利子於意云何一切法真如中
為實有一正等覺乘諸菩薩不舍利子言不
也善現舍利子於意云何諸法真如有一有二

云何一切法真如中爲有一法或一菩薩而可
得不舍利子言不也善現尒時善現語舍
利子言若一切法諦故住故都無所有皆不
可得云何舍利子可作是念言如是菩薩於
佛無上正等菩提定有退屈如是菩薩於
佛無上正等菩提定無退屈如是菩薩於
佛無上正等菩提說不決定如是菩薩是聲聞
乘如是菩薩是獨覺乘如是菩薩是正等覺
乘如是爲三如是爲一舍利子若菩薩摩訶
薩於一切法都無所得於一切法真如亦善
能信解都無所得於諸菩薩亦無所得於佛
無上正等菩提亦無所得當知是爲真菩
薩摩訶薩舍利子若菩薩摩訶薩聞說如
是諸法真如不可得相其心不驚不恐不

薩摩訶薩告舍利子若菩薩摩訶薩聞說如
是諸法真如不可得相其心不驚不恐不
怖不疑不悔不退不沒是菩薩摩訶薩疾
得無上正等菩提
尒時佛告具壽善現言善現善哉善哉汝今
能爲諸菩薩摩訶薩善說法要汝之所說
皆是如來威神加被非汝自力善現若菩薩
摩訶薩於法真如不可得相深生信解知一
切法無差別相聞說如是諸法真如不可得
相其心不驚不恐不怖不疑不悔不退不沒
是菩薩摩訶薩疾得無上正等菩提尒時舍
利子白佛言世尊若菩薩摩訶薩成就此法
疾得阿耨多羅三藐三菩提邪佛言舍利子
如是如是若菩薩摩訶薩成就此法疾得無
上正等菩提不墮聲聞及獨覺地

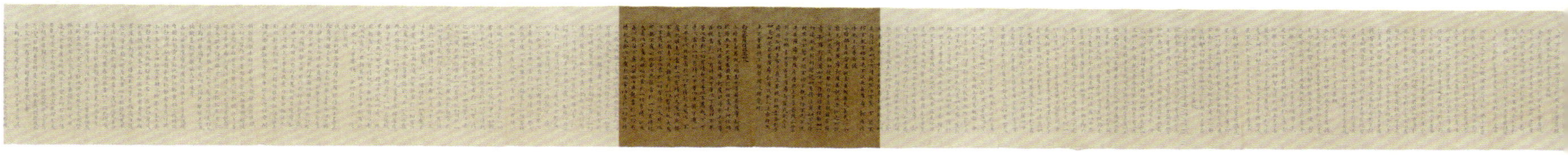

初分菩薩住品第卅八
尒時具壽善現白佛言世尊若菩薩摩訶薩
欲得無上正等菩提當於何住應云何住佛
佛言善現若菩薩摩訶薩欲得無上正等
菩提當於一切有情住平等心不應住不平
等心當於一切有情起平等心不應起不平
等心當於一切有情以平等心與語不應以
不平等心與語當於一切有情起大慈心不
應起瞋恚心當於一切有情以大慈心與語
不應以瞋恚心與語當於一切有情起大悲
心不應起惱害心當於一切有情以大悲心
與語不應以惱害心與語當於一切有情起
大喜心不應起嫉妬心當於一切有情以大
喜心與語不應以嫉妬心與語當於一切有
情起大捨心不應起偏黨心當於一切有情

BD01163　大般若波羅蜜多經卷三二四

善心與語不應以嫉妬心與語當於一切有
情起大捨心不應起偏黨心當於一切有情
以大捨心與語不應以偏黨心與語當於一切
有情起恭敬心不應起憍慢心當於一切有
情以恭敬心與語不應以憍慢心與語當於
一切有情起質直心不應起諂詐心當於一切
有情以質直心與語不應以諂詐心與語當
於一切有情起調柔心不應起剛強心當於
一切有情以調柔心與語不應以剛強心與語
當於一切有情起利益心不應起不利益
心當於一切有情以利益心與語不應
以不利益心與語當於一切有情起安樂心
不應起不安樂心當於一切有情以安樂心
與語不應以不安樂心與語當於一切有情
起無礙心不應起有礙心當於一切有情以

無礙心與語不應以有礙心與語當於一切
有情起如父母如兄弟如姊妹如男女如親
族心亦以此心應與其語當於一切有情起
朋友心亦以此心應與其語當於一切有情
起如親教師如軌範師如弟子如同學心亦
以此心應與其語當於一切有情起如預流一
來不還阿羅漢心亦以此心應與其語當於
一切有情起如獨覺心亦以此心應與其語
當於一切有情起如菩薩摩訶薩心亦以此
心應與其語當於一切有情起如如來應正
等覺心亦以此心應與其語當於一切有情
起應供養恭敬尊重讚歎心亦以此心應
與其語當於一切有情起應救濟擁護覆
護心亦以此心應與其語當於一切有情起
畢竟空無所有不可得心亦以此心應與

BD01163　大般若波羅蜜多經卷三二四

護心亦以此心應與其語當於一切有情起
畢竟空無所有不可得心亦以此心應與
其語當於一切有情起空無相無願心亦
以此心應與其語善現若菩薩摩訶薩欲
得無上正等菩提以無所得而為方便
當於此住
復次善現若菩薩摩訶薩欲得無上正等菩
提應自離害生命亦勸他離害生命恒正稱
揚離害生命法歡喜讚歎離害生命者應
自離不與取欲邪行亦勸他離不與取欲邪
行恒正稱揚離不與取欲邪行法歡喜讚
歎離不與取欲邪行者善現若菩薩摩訶
薩欲得無上正等菩提應自離虛誑語亦
勸他離虛誑語恒正稱揚離虛誑語法歡喜
讚歎離虛誑語者應自離麁惡語離間

語雜穢語亦勸他離麤惡語離間語離雜
語恒正稱揚離麤惡語離間語離雜穢語法
歡喜讚歎離麤惡語離間語雜穢語者善
現若菩薩摩訶薩欲得無上正等菩提應自
離貪欲亦勸他離貪欲恒正稱揚離貪欲
法歡喜讚歎離貪欲者應自離瞋恚邪見
亦勸他離瞋恚邪見恒正稱揚離瞋恚邪見
法歡喜讚歎離瞋恚邪見者
善現若菩薩摩訶薩欲得無上正等菩提應
自脩初靜慮亦勸他脩初靜慮恒正稱揚脩
初靜慮法歡喜讚歎脩初靜慮者應自脩
第二第三第四靜慮亦勸他脩第二第三第
四靜慮恒正稱揚脩第二第三第四靜慮法
歡喜讚歎脩第二第三第四靜慮者善現若
菩薩摩訶薩欲得無上正等菩提應自脩

BD01163　大般若波羅蜜多經卷三二四

歡喜讚歎脩第二第三第四靜慮者善現若
菩薩摩訶薩欲得無上正等菩提應自脩
慈無量亦勸他脩慈無量恒正稱揚脩慈無
量法歡喜讚歎脩慈無量者應自脩悲喜捨
無量亦勸他脩悲喜捨無量恒正稱揚脩悲
喜捨無量法歡喜讚歎脩悲喜捨無量者
善現若菩薩摩訶薩欲得無上正等菩提應
自脩空無邊處定亦勸他脩空無邊處定恒正
稱揚脩空無邊處定法歡喜讚歎脩空無
邊處定者應自脩識無邊處無所有處非想
非非想處定亦勸他脩識無邊處無所有處
非想非非想處定恒正稱揚脩識無邊處無所
有處非想非非想處定法歡喜讚歎脩識無
邊處無所有處非想非非想處定者
善現菩薩摩訶薩欲得無上正等菩提

應自圓滿布施波羅蜜多亦勸他圓滿布施
波羅蜜多恒正稱揚圓滿布施波羅蜜多法
歡喜讚歎圓滿布施波羅蜜多者應自圓滿
淨戒安忍精進靜慮般若波羅蜜多亦勸他
圓滿淨戒安忍精進靜慮般若波羅蜜多恒
正稱揚圓滿淨戒安忍精進靜慮般若波羅
蜜多法歡喜讚歎圓滿淨戒安忍精進靜慮
般若波羅蜜多者
善現若菩薩摩訶薩欲得無上正等菩提應
自住內空亦勸他住內空恒正稱揚住內空法
歡喜讚歎住內空者應自住外空內外空
空空大空勝義空有為空無為空畢竟空
無際空散空無變異空本性空自相空共相空
一切法空不可得空無性空自性空無性自
性空亦勸他住外空乃至無性自性空恒正

一切法空不可得空無性空自性空無性自
性空亦勸他住外空乃至無性自性空恒正
稱揚住外空乃至無性自性空法歡喜讚歎
住外空乃至無性自性空者
善現若菩薩摩訶薩欲得無上正等菩提應
自住真如亦勸他住真如恒正稱揚住真如
法歡喜讚歎住真如者應自住法界法性
不虛妄性不變異性平等性離生性法定
法住實際虛空界不思議界亦勸他住法界
乃至不思議界恒正稱揚住法界乃至不思議
界法歡喜讚歎住法界乃至不思議界者
善現若菩薩摩訶薩欲得無上正等菩提
應自脩四念住亦勸他脩四念住恒正稱揚
脩四念住法歡喜讚歎脩四念住者應自脩
四正斷四神足五根五力七等覺支八聖道

支亦勸他修四正斷乃至八聖道支恒正稱
揚修四正斷乃至八聖道支法歡喜讚歎修
四正斷乃至八聖道支者
善現若菩薩摩訶薩欲得無上正等菩提
應自住苦聖諦亦勸他住苦聖諦恒正稱揚
住苦聖諦法歡喜讚歎住苦聖諦者應自住集
滅道聖諦亦勸他住集滅道聖諦恒正稱
揚住集滅道聖諦法歡喜讚歎住集滅道
聖諦者
善現若菩薩摩訶薩欲得無上正等菩提應
自修八解脫亦勸他修八解脫恒正稱揚修
八解脫法歡喜讚歎修八解脫者應自修
八勝處九次第定十遍處亦勸他修八勝處
九次第定十遍處恒正稱揚修八勝處九次
第定十遍處法歡喜讚歎修八勝處九次

九次第定十遍處恒正稱揚修八勝處九次
第定十遍處法歡喜讚歎修八勝處九次
第定十遍處者
善現若菩薩摩訶薩欲得無上正等菩提
應自修空解脫門亦勸他修空解脫門恒正
稱揚修空解脫門法歡喜讚歎修空解脫門
者應自修無相無願解脫門亦勸他修無相
無願解脫門恒正稱揚修無相無願解脫
門法歡喜讚歎修無相無願解脫門者
善現若菩薩摩訶薩欲得無上正等菩提
應自圓滿極喜地亦勸他圓滿極喜地恒正
稱揚圓滿極喜地法歡喜讚歎圓滿極喜地
者應自圓滿離垢地發光地焰慧地極難勝地
現前地遠行地不動地善慧地法雲地亦勸
他圓滿離垢地乃至法雲地恒正稱揚圓滿

地乃至法雲地者
善現若菩薩摩訶薩欲得無上正等菩提應
自圓滿五眼亦勸他圓滿五眼恒正稱揚圓滿
五眼法歡喜讚歎圓滿五眼者應自圓
滿六神通亦勸他圓滿六神通恒正稱揚圓
滿六神通法歡喜讚歎圓滿六神通者
善現若菩薩摩訶薩欲得無上正等菩提
應自圓滿三摩地門亦勸他圓滿三摩地門
恒正稱揚圓滿三摩地門法歡喜讚歎圓滿
三摩地門者應自圓滿陁羅尼門亦勸他圓
滿陁羅尼門恒正稱揚圓滿陁羅尼門法歡
喜讚歎圓滿陁羅尼門者
善現若菩薩摩訶薩欲得無上正等菩提
應自圓滿佛十力亦勸他圓滿佛十力恒正

善現若菩薩摩訶薩欲得無上正等菩提
應自圓滿佛十力亦勸他圓滿佛十力恒正
稱揚圓滿佛十力法歡喜讚歎圓滿佛十力
者應自圓滿四無所畏四無礙解大慈大悲
大喜大捨十八佛不共法亦勸他圓滿四無
所畏乃至十八佛不共法恒正稱揚圓滿四
無所畏乃至十八佛不共法歡喜讚歎圓滿
四無所畏乃至十八佛不共法者
善現若菩薩摩訶薩欲得無上正等菩提
應自順逆觀十二支緣起亦勸他順逆觀十
二支緣起恒正稱揚順逆觀十二支緣起法
歡喜讚歎順逆觀十二支緣起者善現若菩
薩摩訶薩欲得無上正等菩提應自知苦斷
集證滅脩道亦勸他知苦斷集證滅脩道恒
正稱揚知苦斷集證滅脩道法歡喜讚歎知

[illegible]
無上正等菩提應自起證預流果智而不證實
際得預流果亦勸他起證預流果智及證實際得預
流果恒正稱揚起證預流果智及證實際實際得預流
果法歡喜讚歎起證預流果智及證實際得預
流果智者應自起證一來不還阿羅漢果智而不
證實際得一來不還阿羅漢果亦勸他起證一來
不還阿羅漢果智及證實際得一來不還阿羅
漢果恒正稱揚起證一來不還阿羅漢果智
及證實際得一來不還阿羅漢果法歡喜讚
歎起證一來不還阿羅漢果智及證實際得一
來不還阿羅漢果者善現若菩薩摩訶薩欲
得無上正等菩提應自起證獨覺菩提智而不
證實際得獨覺菩提亦勸他證獨覺菩提智
及證實際得獨覺菩提恒正稱揚起獨覺菩

及證實際得獨覺菩提恒正稱揚赴獨覺菩
提智及證實際得獨覺菩提法歡喜讚歎赴證
獨覺菩提智及證實際得獨覺菩提者
善現若菩薩摩訶薩欲得無上正等菩提應
自入菩薩正性離生位亦勸他入菩薩正性
離生位恒正稱揚入菩薩正性離生位法歡
喜讚歎入菩薩正性離生位者善現若菩薩
摩訶薩欲得無上等菩提應自嚴淨佛土法
亦勸他嚴淨佛土恒正稱揚嚴淨佛土法
歡喜讚歎嚴淨佛土者善現若菩薩摩
薩欲得無等正菩提應自成熟有情亦教
他成熟有情恒正稱揚成熟有情法歡喜讚
歎成熟有情者善現若菩薩摩訶薩欲得無
上正等菩提應自起菩薩神通亦教他起菩

者善[illegible]若菩薩[illegible]訶薩欲得[illegible]
上正等菩提應自起一切智亦教他起一切智
恒正稱揚起一切智法歡喜讚歎起一切智
者應自起道相智一切相智亦勸他起道相
智一切相智恒正稱揚起道相智一切相智
法歡喜讚歎起道相智一切相智者善現若
菩薩摩訶薩欲得無上正等菩提應自斷
一切煩惱相續習氣亦勸他斷一切煩惱相
續習氣恒正稱揚斷一切煩惱相續習氣法
歡喜讚歎斷一切煩惱相續習氣者

大般若波羅蜜多經卷第三百廿四

BD01163v　勘記

BD01164 諸星母陀羅尼經

（唐）法成 譯

169.7cm × 25.3cm

（4-1）

天及龍藥叉羅剎乾闥婆阿須羅迦樓羅緊
那羅莫呼落迦諸魔日月熒惑大白鎮星餘
星歲星羅睺長尾星神二十八宿諸大衆等
悉皆讚歎諸大金剛誓願之句威加莊嚴師
子座上與之菩薩同會一處其名曰金剛手菩
薩摩訶薩金剛忿怒菩薩摩訶薩金剛部
菩薩摩訶薩金剛弓菩薩摩訶薩金剛王
菩薩摩訶薩金剛莊嚴菩薩摩訶薩金剛光
菩薩摩訶薩觀自在菩薩摩訶薩普見菩薩
摩訶薩世間吉祥菩薩摩訶薩蓮華幢菩薩
摩訶薩廣面菩薩摩訶薩蓮華眼菩薩摩
訶薩妙吉祥菩薩摩訶薩慈氏菩薩摩訶薩等
諸大菩薩僧前後圍遶瞻仰說法其法名為廣
大莊嚴如意寶珠初中後善句義美妙无雜
清淨清白梵行
尒時金剛手菩薩觀於大衆從座而起以自神

尒時金剛手菩薩觀於大衆從座而起以自神
力旋遶世尊數百千迊作礼前住自其倚持以
善跏趺瞻視大衆以金剛掌安自心上而白
佛言世尊有其惡星色刑極惡其極利心
色刑忿怒惱乱有情奪其精氣或奪財物或奪
於命長壽有情令作短壽如是惱乱一切有情
為是等故唯願世尊開顯法門守護一切
有情之類世尊告曰善哉善哉汝興大悲
為利一切諸有情故問於如來甚深密義汝
今諦聽善思念之我當說其惡星瞋怒破
懷之法及說供養行施念誦秘密之義
若行供養當供養　若作其惡當作惡
如是諸星刑色等　云何而令生歡喜
諸天及與諸非天　緊那羅等及諸龍
諸藥叉等并羅剎　人及迦多冨多那
[illegible]成就者大神　[illegible]

我密言訖供養法[illegible]

尒時釋迦如來從自心上而放慈心遊戲光
明入於諸星頂髻之中尋時日月一切星神從
座而起以諸天供即以供養釋迦如來膝輪
着地合掌作礼而白佛言世尊如來應供正真
等覺利益我等唯願世尊宣說法門令
於我等而聚集已守衛防護說法之師令
得吉慶遠刀杖消滅毒藥及作結界令
時釋迦如來即便為說供養星法及以密
言陀羅尼曰
唵謨呼羅迦耶莎訶　唵尸儞奢薩莎訶　唵落當
伽俱磨囉也莎訶　唵報須也報也莎訶　唵報伽
阿恚婆須也莎訶　唵阿須羅薩多磨也莎訶　唵吃
哩囊嫩那也莎訶　唵阿密多哩耶莎訶　唵吃盛羯多
薩莎訶
金剛手此則是被九星秘密心呪讚便戍　雜
當於[illegible]

金剛手此則是被九星秘密心呪讚便成 雜
當作十二指一色香壇中安供養或凡或銅
金銀等器奉獻供養一一供養當誦一百八遍
金剛手然後誦此諸星毋陁羅尼秘密言辞
滿足七遍一切諸星而作守護有貧窮患
得解脫命將欲盡而得長壽金剛手若苾
芻苾芻尼烏波索迦烏波斯迦及餘有情之
類若歷耳根而不中夭金剛手諸星壇中設
供養已每日而讀誦者彼說法師一切諸星如
彼所願悉令滿足與彼同類貧遺諸事皆
得消滅
尒時釋迦如來即便爲說諸星毋陁羅尼 即
說呪曰
南謨佛陁耶 南謨婆枳囉馱囉耶 南麽麽達囉
耶 南麽薩婆迦囉訶 南謨薩婆阿奢婆囉甫迦

鉢娑囉鉢娑囉　三娑囉三娑囉　甚多耶甚多耶
摩囉摩囉　摩訖陁摩訖陁　伽頞耶　薩婆碧者遠
俱嚕俱嚕　晉那晉那　乞舍波耶乞舍波耶　扇服旦伍
咄嚕多你　達奢耶揭摩喃薄　薄伽薄底　薩婆耶薩婆耶
摩耶婆波哩波薑　婆囉波薩都王恚荼　薩婆吃訶
那乞奄多囉　波多摩皺你　皺囉你皺囉你　薄伽
薄底　摩訶摩曳　薩馱耶　咄恚荼摩奢耶　波波你
摩贊底贊底　都嚕都嚕　贊底　謀揄謀揄
資謀次謀訶　婆訶敲　屋吃哩屋吃哩訶　多迷甬囉耶
迷未努多藍　薩婆怛他伽多　阿伍恚伍　婆摩耶莎訶
唵莎訶　吽莎訶　紇哩莎訶　吽莎訶　悍艉莎訶　鉡磨
頞囉莎訶　阿奎吻多耶莎訶　蘊盧耶莎訶　頞囉你
須多耶莎訶　沒他耶莎訶　勃多恚波伍曳莎訶
伽囉耶莎訶　吃奢那跋鄔耶莎訶　囉訶薮莎訶
鷄多敲莎訶　沒他耶莎訶　皺椤囉達囉耶莎訶
鉢護頞囉莎訶　栒摩囉耶莎訶　盋乞婆多囉維莎訶

鉢虞須囉莎訶　拘虞囉耶莎訶　諾乞婆多囉難莎訶
薩鉢烏鉢　多囉斂難莎訶　唵薩婆斂江底吒莎訶
金剛手此是諸星母陀羅尼秘密呪句　戌　鞞
一切諸事根本金剛手此陀羅尼秘密呪句
從於九月白月七日而起於首具足長淨至十
四日供養諸星而受持之月十五日　若能
晝夜而讀者至滿九年无其死畏亦无星
流墮落怖畏亦无月宿　作惡怖畏而撞宿命
亦能供養一切諸星一切諸星隨其所願而授
與之尒時諸星礼世尊已讚言善哉忽然不
現

諸星母陀羅尼經一卷

撈娜禾反　紇娜吉反　哆得者反　揭許葛反

BD01165　大般若波羅蜜多經卷二八四

（唐）玄奘 譯

321.7cm × 25.9cm

上正等菩
善現一切智
故諸佛无上正等菩
智清淨若意界
提清淨无二无
清淨故法界意識
諸受清淨法界乃至意
淨故諸佛无上正等菩
切智智清淨若法界乃
受清淨若諸佛无上正等菩
二分无別无斷故善現一切智智清
界清淨地界清淨故諸佛无上正等菩提清
淨何以故若一切智智清淨若地界清淨若
諸佛无上正等菩提清淨无二无二分无別无斷

无斷故一切智智清淨故水火風空識界清
淨水火風空識界清淨故諸佛无上正等菩
提清淨何以故若一切智智清淨若水火風
空識界清淨若諸佛无上正等菩提清淨无
二无二分无別无斷故善現一切智智清淨
故无明清淨无明清淨故諸佛无上正等菩
提清淨何以故若一切智智清淨若无明清
淨若諸佛无上正等菩提清淨无二无二分
无別无斷故一切智智清淨故行識名色六
處觸受愛取有生老死愁歎苦憂惱清淨行
乃至老死愁歎苦憂惱清淨故諸佛无上正
等菩提清淨何以故若一切智智清淨若行
乃至老死愁歎苦憂惱清淨若諸佛无上正
等菩提清淨无二无二分无別无斷故

BD01165　大般若波羅蜜多經卷二八四

等菩提清淨无二无二分无别无斷故
善現一切智智清淨故布施波羅蜜多清淨
布施波羅蜜多清淨故諸佛无上正等菩提
清淨何以故若一切智智清淨若布施波羅
蜜多清淨若諸佛无上正等菩提清淨无二
无二分无别无斷故一切智智清淨故淨戒
安忍精進靜慮般若波羅蜜多清淨淨戒乃
至般若波羅蜜多清淨故諸佛无上正等菩
提清淨何以故若一切智智清淨若淨戒
乃至般若波羅蜜多清淨若諸佛无上正等
菩提清淨无二无二分无别无斷故善現一
切智智清淨故内空清淨内空清淨故諸佛
无上正等菩提清淨何以故若一切智智清淨

二无二分无別无斷故一切智智清淨故外
空內外空空空大空勝義空有為空无為空
畢竟空无際空散空无變異空本性空自相
空共相空一切法空不可得空无性空自性
空无性自性空清淨外空乃至无性自性空
清淨故諸佛无上正等菩提清淨何以故若
一切智智清淨若外空乃至无性自性空清
淨若諸佛无上正等菩提清淨无二无二分
无別无斷故善現一切智智清淨故真如清
淨真如清淨故諸佛无上正等菩提清淨何
以故若一切智智清淨若真如清淨若諸佛
无上正等菩提清淨无二无二分无別无斷
故一切智智清淨故法界法性不虛妄性不
變異性平等性離生性法定法住實際虛空

BD01165　大般若波羅蜜多經卷二八四

變異性平等性離生性法定法住實際虛空
界不思議界清淨法界乃至不思議界清淨
故諸佛无上正等菩提清淨何以故若一切
智智清淨若法界乃至不思議界清淨若諸
佛无上正等菩提清淨无二无二分无別无
斷故善現一切智智清淨故苦聖諦清淨苦
聖諦清淨故諸佛无上正等菩提清淨何以
故若一切智智清淨若苦聖諦清淨若諸佛
无上正等菩提清淨无二无二分无別无斷
故一切智智清淨故集滅道聖諦清淨集滅
道聖諦清淨故諸佛无上正等菩提清淨何
以故若一切智智清淨若集滅道聖諦清淨
若諸佛无上正等菩提清淨无二无二分无別
斷故

善現一切智智清淨故四靜慮清淨四靜慮清
淨故諸佛无上正等菩提清淨何以故若
一切智智清淨若四靜慮清淨若諸佛无上
正等菩提清淨无二无二分无別无斷故一
切智智清淨故四无量四无色定清淨四无
量四无色定清淨故諸佛无上正等菩提清
淨何以故若一切智智清淨若四无量四无
色定清淨若諸佛无上正等菩提清淨无二
无二分无別无斷故善現一切智智清淨故
八解脫清淨八解脫清淨故諸佛无上正等
菩提清淨何以故若一切智智清淨若八解
脫清淨若諸佛无上正等菩提清淨无二无
二分无別无斷故一切智智清淨故八勝處
九次第定十遍處清淨八勝處九次第定十

九次第定十遍處清淨八勝處九次第定十
遍處清淨故諸佛无上正等菩提清淨何以
故若一切智智清淨若八勝處九次第定十
遍處清淨若諸佛无上正等菩提清淨无二无
二分无別无斷故善現一切智智清淨故四
念住清淨四念住清淨故諸佛无上正等菩
提清淨何以故若一切智智清淨若四念住
清淨若諸佛无上正等菩提清淨无二无二
分无別无斷故一切智智清淨故四正斷四
神足五根五力七等覺支八聖道支清淨四
正斷乃至八聖道支清淨故諸佛无上正等
菩提清淨何以故若一切智智清淨若四正
斷乃至八聖道支清淨若諸佛无上正等菩
提清淨无二无二分无別无斷故善現一切

故諸佛无上正等菩提清淨何以故若一切
智智清淨若空解脫門清淨若諸佛无上正
等菩提清淨无二无二分无別无斷故一切
智智清淨故无相无願解脫門清淨无相无
願解脫門清淨故諸佛无上正等菩提清淨
何以故若一切智智清淨若无相无願解脫
門清淨若諸佛无上正等菩提清淨无二无
二分无別无斷故善現一切智智清淨故菩
薩十地清淨菩薩十地清淨故諸佛无上正
等菩提清淨何以故若一切智智清淨若菩
薩十地清淨若諸佛无上正等菩提清淨
无二无二分无別无斷故
善現一切智智清淨故五眼清淨五眼清淨

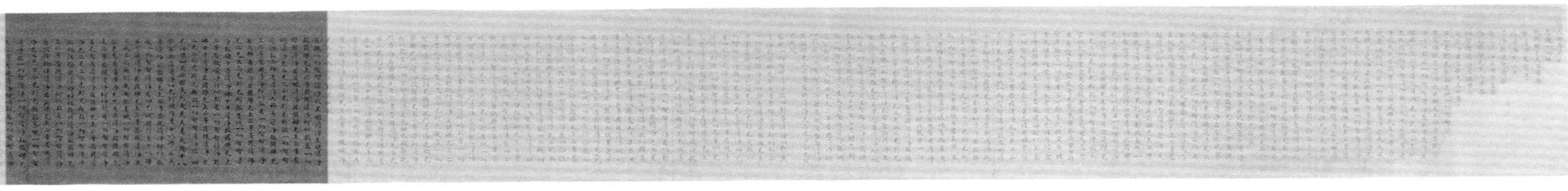

善現一切智智清淨故五眼清淨五眼清淨
故諸佛无上正等菩提清淨何以故若一切
智智清淨若五眼清淨若諸佛无上正等菩
提清淨无二无二分无別无斷故一切智智
清淨故六神通清淨六神通清淨故諸佛无
上正等菩提清淨何以故若一切智智清淨
若六神通清淨若諸佛无上正等菩提清淨
无二无二分无別无斷故善現一切智智清
淨故佛十力清淨佛十力清淨故諸佛无上
正等菩提清淨何以故若一切智智清淨若
佛十力清淨若諸佛无上正等菩提清淨无
二无二分无別无斷故一切智智清淨故四
无所畏四无礙解大慈大悲大喜大捨十八

法清淨故諸佛无上正等菩提清淨何以故
若一切智智清淨若四无所畏乃至十八佛
不共法清淨若諸佛无上正等菩提清淨無
二無二分無別無斷故善現一切智智清淨
故无忘失法清淨无忘失法清淨故諸佛无
上正等菩提清淨何以故若一切智智清淨
若无忘失法清淨若諸佛无上正等菩提清
淨无二无二分无別无斷故一切智智清淨
故恒住捨性清淨恒住捨性清淨故諸佛无
上正等菩提清淨何以故若一切智智清淨
若恒住捨性清淨若諸佛无上正等菩提清
淨无二无二分无別无斷故善現一切智智
清淨故一切智清淨一切智清淨故諸佛无
上正等菩提清淨何以故若一切智智清淨

上正等菩提清淨何以故若一切智智清淨
若一切智智清淨若諸佛无上正等菩提清淨
无二无二分无别无斷故一切智智清淨故
道相智一切相智清淨道相智一切相智清
淨故諸佛无上正等菩提清淨何以故若一
切智智清淨若道相智一切相智清淨若諸
佛无上正等菩提清淨无二无二分无别无
斷故善現一切智智清淨故一切陁羅尼門
清淨一切陁羅尼門清淨故諸佛无上正等
菩提清淨何以故若一切智智清淨若一切
陁羅尼門清淨若諸佛无上正等菩提清
淨无二无二分无别无斷故一切智智清淨故
一切三摩地門清淨一切三摩地門清淨故
諸佛无上正等菩提清淨何以故若一切智

智清淨若一切三摩地門清淨若諸佛无上
正等菩提清淨无二无二分无別无斷故善
現一切智智清淨故預流果清淨預流果
清淨故諸佛无上正等菩提清淨何以故若
一切智智清淨若預流果清淨若諸佛无上
正等菩提清淨无二无二分无別无斷故一
切智智清淨故一來不還阿羅漢果清淨一
來不還阿羅漢果清淨故諸佛无上正等菩
提清淨何以故若一切智智清淨若一來 不
還阿羅漢果清淨若諸佛无上正等菩提清
淨无二无二分无別无斷故善現一切智智
清淨故獨覺菩提清淨獨覺菩提清淨故
諸佛无上正等菩提清淨何以故若一切智智
清淨若獨覺菩提清淨若諸佛无上正等菩

清淨若獨覺菩提清淨若諸佛无上正等菩
提清淨无二无二分无別无斷故善現一切
智智清淨故一切菩薩摩訶薩行清淨一切
菩薩摩訶薩行清淨故諸佛无上正等菩提
清淨何以故若一切智智清淨若一切菩薩
摩訶薩行清淨若諸佛无上正等菩提清淨
无二无二分无別无斷故
復次善現有爲清淨故无爲清淨无爲清淨
故有爲清淨何以故若有爲清淨若无爲清
淨无二无二分无別无斷故復次善現過去
清淨故未來現在清淨未來現在清淨故過
去清淨何以故若過去清淨若未來現在清
淨无二无二分无別无斷故善現未來清淨
故過去現在清淨過去現在清淨故未來清

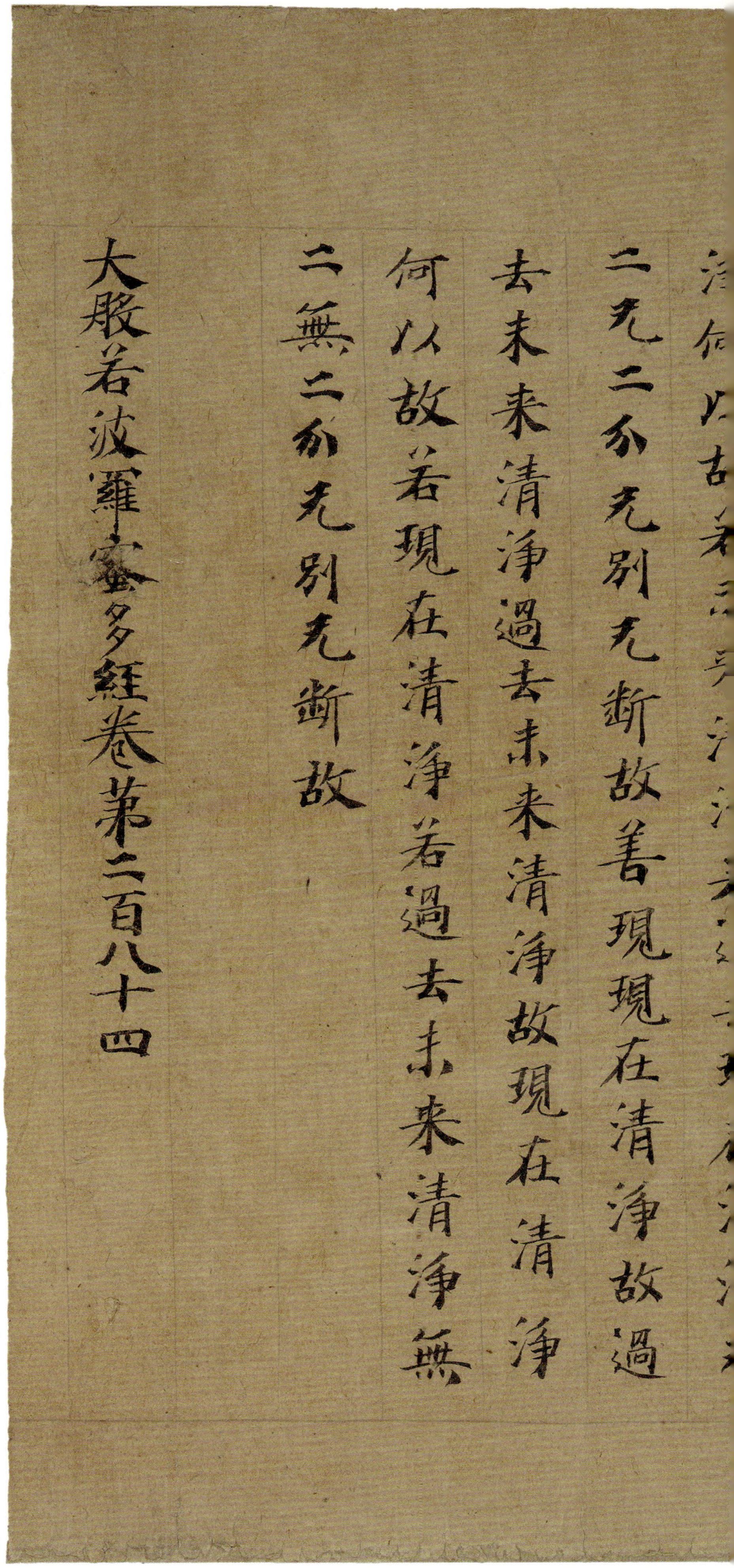

二无二分无別无斷故善現現在清淨故過
去未来清淨過去未来清淨故現在清淨
何以故若現在清淨若過去未来清淨無
二無二分无別无斷故

大般若波羅蜜多經卷第二百八十四

BD01165　大般若波羅蜜多經卷二八四

BD01166

維摩詰所説經卷上

（後秦）鳩摩羅什 譯

99cm × 24cm

成就衆生　佛土淨隨佛土淨則說法淨隨
說法淨則智慧淨隨智慧淨則其心淨隨其
心淨則一切功德淨是故寶積若菩薩欲得
淨土當淨其心隨其心淨則佛土淨
尒時舍利弗承佛威神作是念若菩薩心淨
則佛土淨者我世尊本爲菩薩時意豈不
淨而是佛土不淨若此……其念即告之言於
意云何日月豈不淨……對
也世尊是盲者過非……
故不見如來佛國嚴……
此土淨而汝不見尒時……語舍
勿作是意謂此佛土以爲不淨所以者何我
見釋迦牟尼佛土清淨譬如自在天宮舍……

弗言我見此土丘陵坑坎荊棘砂礫土石諸
穢惡充滿螺髻梵言仁者心有高下不
佛慧故見此土為不淨耳舍利弗菩薩於一
切衆生悉皆平等深心清淨依佛智慧則
能見此佛土清淨於是佛以足指按地即時三
千大千世界若干百千珎寶嚴飾譬如寶莊
嚴佛无量功德寶莊嚴土一切大衆歎未曾
有而皆自見坐寶蓮華佛告舍利弗汝且觀
是佛土嚴淨舍利弗言唯然世尊本所不見
本所不聞今佛國土嚴淨悉現佛語舍利弗
我佛國土常淨若此為欲度斯下劣人故示
是衆惡不淨土耳譬如諸天共寶器食隨其
福德飯色有異如是舍利弗若人心淨便見
此土功德莊嚴當佛現此國土嚴淨之時寶

此土功德莊嚴當佛現此國土嚴淨之時寶
積所將五百長者子皆得无生法八万四千
人發阿耨多羅三藐三菩提心佛攝神足於
是世界還復如故求聲聞乘三万二千天
及人知有為法皆悉无常遠塵離垢得法眼
淨八千比丘不受諸法漏盡意解

方便品第二

尒時毗耶離大城中有長者名維摩詰已曾
供養无量諸佛深殖善本得无生忍辯才
无礙遊戲神通逮諸摠持獲无所畏降魔勞
怨入深法門善於智度通達方便大願成就
明了衆生心之所趣又能分別諸根利鈍久於
佛道心已純淑決定大乘諸有所作能善思
量住佛威儀心大如海諸佛咨嗟弟子釋梵

世主所敬欲度人故以善方便居毗耶離資財
无量攝諸貧民奉戒清淨攝諸毀禁以忍
調行攝諸恚怒以大精進攝諸懈怠一心禪
寂攝諸亂意以決定慧攝諸无智雖為白衣
奉持沙門清淨律行雖處居家不著三界示
有妻子常脩梵行現有眷屬常樂遠離雖
服寶飾而以相好嚴身雖復飲食而以禪悅為
味若至博弈戲處輒以度人受諸異道不毀
正信雖明世典常樂佛法一切見敬為供養
中最執持正法攝諸長幼一切治生諧偶雖
獲俗利不以喜悅遊諸四衢饒益眾生入治
政法救護一切入講論處導以大乘入諸學
堂誘開童蒙入諸婬舍示欲之過入諸酒肆
能立其志若在長者長者中尊為說勝法

BD01166　維摩詰所説經卷上

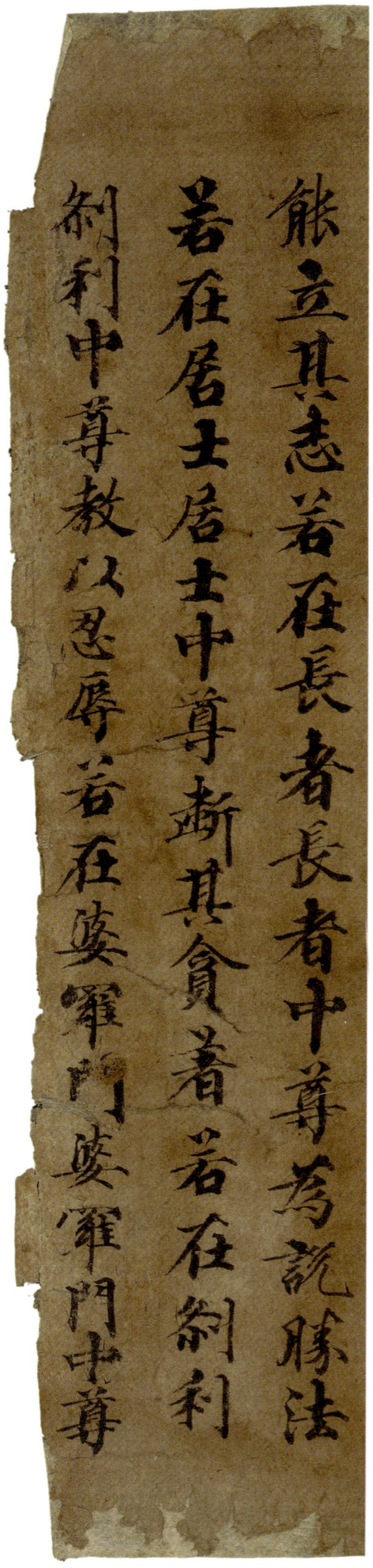

能立其志若在長者長者中尊為說勝法
若在居士居士中尊斷其貪著若在刹利
刹利中尊教以忍辱若在婆羅門婆羅門中尊

BD01167 佛頂尊勝陀羅尼經

（唐）佛陀波利 譯

209.5cm × 25.6cm

枳〼鉢囉底祢伐怛耶阿長瑜輸提十七薩末耶䫂
地瑟恥帝十八末你末你摩尼十九怛闥多部多俱胝鉢
剌輸提二十毗薩普吒勃地輸提廿一逝耶逝耶逢加反廿二毗
逝耶毗逝耶廿三薩末羅薩末羅廿四
勃陁䫂地瑟恥多輸提廿五枳折鄹枳折囉猲䎸廿六
枳折濫婆伐都摩摩廿七薩婆薩埵死耶迦長耶
提廿八薩婆揭底鉢剌輸提廿九薩婆多他揭多三摩
尸縛濕婆娑䫂地瑟恥帝卅勃陁地耶反勃陁卅一蒱陁耶
蒱陁耶卅二三漫多鉢剌輸提卅三薩婆多他揭多地瑟
咤那䫂地瑟恥帝卅四薩婆訶
佛告帝釋言此呪名淨除一切惡道佛頂尊勝
陁羅尼能除一切罪業等障能破一切穢惡
道苦天帝此陁羅尼八十八殑伽沙俱胝百千
諸佛同共宣說隨喜受持大如来智印印之

爲破一切有情種種惡道業故爲一切地獄畜
生閻摩路迦有情得解脫故臨急苦難隨生死
海中有情得解脫故短命薄福无救護有情
樂造雜染惡業有情故說此陁羅尼於贍部
洲住持力故能令地獄惡道衆生種種流轉生
死薄福衆生不信善惡業失正道衆生等得
解脫義故
佛告天帝我說此陁羅尼付囑於汝汝當授
與善住天子復當受持讀誦思惟愛樂憶念
供養於贍部洲一切衆生廣爲宣說此陁羅
尼印付囑於汝天帝汝當善持守護勿令忘
失天帝若人須臾得聞此陁羅尼千劫已來
積造惡業重障應受種種流轉生死地獄餓鬼
畜生閻羅王界阿脩羅身夜叉羅刹鬼神布單

畜生閻羅王界阿脩羅身夜叉羅刹鬼神布單
那羯吒布單那阿波娑摩囉蚊蝱龜狗蟒虵一
切諸鳥及諸猛獸一切蠢動含靈乃至蟻子
之身更不重受即得轉生諸佛如來一生補
處菩薩同會處生或得大姓婆羅門家生或
得大刹利種家生或得豪貴最勝家生天帝
此人得如上貴處生者皆由聞此陁羅尼故
轉所生處皆得清淨天帝乃至得到菩提道
場最勝之處皆由讚美此陁羅尼功德如是
天帝此陁羅尼名善吉祥能淨一切惡道此
佛頂尊勝陁羅尼猶如日藏摩尼之寶淨无
瑕穢淨等虛空光焰照徹无不周遍若諸衆
生持此陁羅尼亦復如是亦如閻浮檀金明
淨柔軟令人喜見不爲穢惡之所染著天帝若

者衆生於此陀羅尼亦[illegible]女[illegible]其[illegible]
生善道天帝此陀羅尼所在之處若能書寫
流通受持讀誦聽聞供養能如是者一切惡
道皆得清淨一切地獄苦悉皆消滅
佛告天帝若人能書寫此陀羅尼安高幢上
或安高山或安樓上乃至安置窣堵波中天
帝若有苾芻苾芻尼優婆塞優婆夷族姓男
族姓女於幢等上或見或聞或與相近其影
映身或風吹陀羅尼上幢等上塵落在身上
天帝彼諸衆生所有罪業應墮惡道地獄畜
生閻羅王界餓鬼阿脩羅身惡道之苦皆悉
不受亦不為罪垢染汙天帝此等衆生為一
切諸佛之所授記皆得不退轉於阿耨多羅
三藐三菩提天帝何況更以多諸供具華鬘

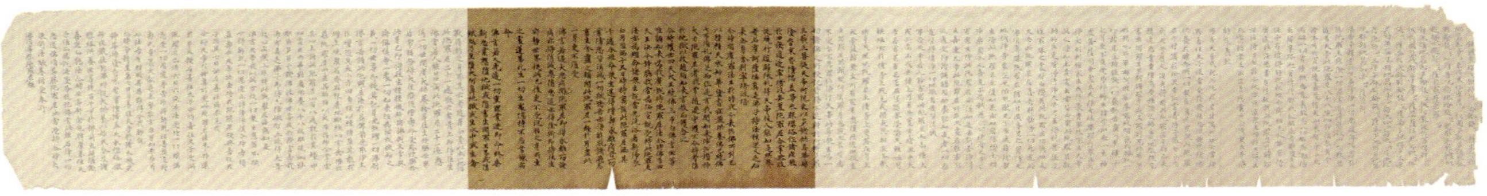

三藐三菩提天帝何況更以多諸供具華鬘
塗香末香幢幡蓋等衣服瓔珞作諸莊嚴
於四衢道造窣堵波安置陀羅尼合掌恭敬
旋繞行道歸依礼拜天帝彼人能如是供養
者名摩訶薩埵真是佛子持法棟梁又是如
来全身舍利窣堵波塔
尒時閻摩羅法王於時夜分来詣佛所到已
以種種天衣妙華塗香莊嚴供養佛已繞佛
七帀頂礼佛足而作是言我聞如来演說讚持
大力陀羅尼者我常隨逐守護不令持者墮
於地獄以彼隨順如来言教而護念之
尒時護世四天大王繞佛三帀白佛言世尊
唯願如来為我廣說持陀羅尼法尒時佛告四
天王汝今諦聽我當為汝宣說受持此陀羅尼

法亦為短命諸衆生說當先洗浴著新淨衣
白月圓滿十五日時持齋誦此陀羅尼滿其
千遍令短命衆生還得增壽永離病苦一切
業障悉皆消滅一切獄諸苦亦得解脫諸飛鳥
畜生含靈之類聞此陀羅尼一經於耳盡此
一身更不復受
佛言若遇大惡病聞陀羅尼即得永離一切諸
病亦得消滅應墮惡道亦得除斷即得往生
寂靜世界從此已後更不受胞胎之身所生
之處蓮華化生一切生處憶持不忘常識宿
命
佛言若人先造一切重罪業遂即命終乘
斯惡業應墮地獄或墮畜生閻羅王界或墮
餓鬼乃至墮大阿鼻地獄或生水中或生禽

餓鬼乃至墮大阿鼻地獄或生水中或生禽
獸異類之身取其亡者隨身分骨以土一把誦
此陁羅尼二十一遍散亡者骨上即得往生
佛言若人能日日誦此陁羅尼二十一遍應
消一切世間廣大供養捨身往生極樂世界
若常誦念得大涅槃復增壽命受勝快樂捨
此身已即得往生種種微妙諸佛刹土常與
諸佛俱會一處一切如來恒為演說微妙之
義一切世尊即授其記身光照曜一切佛刹
佛言若誦此陁羅尼法於其佛前先取淨土
作壇隨其大小方四角作以種種草花散於
壇上燒衆名香右膝著地胡跪心常念佛作
慕陁羅尼印屈其頭指以大母指押合掌當
其心上誦此陁羅尼一百八遍訖於其壇中

如雲王而[illegible]
耶庚多百千諸佛彼佛世尊咸共讚言善哉
希有真是佛子即得无障礙智三昧得大菩
提心莊嚴三昧持此陁羅尼法應如是
佛言天帝我以此方便一切衆生應墮地獄
令得解脫一切惡道亦得清淨復令持者增
益壽命天帝汝去將我陁羅尼授與善住天
子滿其七日汝與善住俱來見我
尒時天帝於世尊所受此陁羅尼法奉持還
於本天授與善住天子尒時善住天子受此
陁羅尼已滿六日六夜依法受持一切願滿
應受一切惡道等苦即得解脫住菩提道增
壽无量甚大歡喜高聲歎言希有如來希有
妙法希有明驗甚爲難得令我解脫

妙法希有明驗甚為難得令我解脫
尒時帝釋至第七日与善住天子將諸天衆嚴
持華鬘塗香末香寶幢幡蓋天衣瓔珞微
妙莊嚴往詣佛所設大供養以妙天衣及諸
瓔珞供養世尊繞百千帀於佛前立踊躍歡
喜坐而聽法尒時世尊舒金色臂摩善住天
子頂而為說法受菩提記佛言此經名淨一切
惡道佛頂尊勝陁羅尼汝當受持尒時大
衆聞法歡喜信受奉行
佛頂尊勝陁羅尼經

圖書在版編目（CIP）數據

中國國家圖書館藏敦煌文獻．第七八册 / 中國國家圖書館編．—北京：國家圖書館出版社，2024.12

ISBN 978-7-5013-8029-9

Ⅰ．①中… Ⅱ．①中… Ⅲ．①敦煌學—文獻 Ⅳ．① K870.6

中國國家版本館 CIP 數據核字（2024）第 037716 號

書　　名　中國國家圖書館藏敦煌文獻・第七八册
著　　者　中國國家圖書館　編
項目統籌　魏　崇　殷夢霞
責任編輯　黄　鑫　程魯潔　潘　竹　苗文葉
責任校對　劉　倩

出版發行　國家圖書館出版社（北京市西城區文津街 7 號　100034）
（原書目文獻出版社　北京圖書館出版社）
010-66114536　63802249　nlcpress@nlc.cn（郵購）
網　　址　http://www. nlcpress. com
排版印裝　天津裕同印刷有限公司
版次印次　2024 年 12 月第 1 版　2024 年 12 月第 1 次印刷

開　　本　787 × 1092　1/8
印　　張　40
書　　號　ISBN 978-7-5013-8029-9
定　　價　2800.00 圓